人工知能と
政治の知能

危うい日本のディジタル・フューチャー

MAEBASHI Toshiyuki
前橋 敏之

文芸社

目　次
CONTENTS

序 ………………………………………………………………………… *6*

マスクは語る ………………………………………………………… *19*

人工知能とはなにか ………………………………………………… *24*

 AIとメタバース …………………………………………………… *29*

 Physical reality and Virtual reality …………………………… *32*

 軍事産業との関連 ………………………………………………… *34*

論理学とコンピュータ ……………………………………………… *36*

人工知能と哲学史 …………………………………………………… *41*

関数とコンピュータ ………………………………………………… *46*

哲学的補足 …………………………………………………………… *49*

統計学（Bayesの定理の周辺）…………………………………… *52*

 確率 ………………………………………………………………… *52*

 条件付き確率 ……………………………………………………… *52*

 ベイズ（Bayes）の定理 ………………………………………… *53*

パイソン復習 ………………………………………………………… *58*

 コード1（フィボナッチ数）…………………………………… *58*

 乱数 ………………………………………………………………… *60*

 array ……………………………………………………………… *60*

 描画（matplotlibとseaborn）………………………………… *61*

 コード2（sine curve）………………………………………… *61*

 コード3（scatterplot）………………………………………… *62*

論理ゲート ……………………………………………………………… *63*

  コード４（AND gate） ……………………………………… *64*

  XOR and XNOR ……………………………………………… *66*

Built-in data ………………………………………………………… *68*

  Seaborn の built-in datasets ……………………………… *68*

  Sklearn の built-in datasets …………………………… *70*

    コード５ …………………………………………………… *71*

    コード６ …………………………………………………… *72*

乳がんとPerceptron ……………………………………………… *74*

    コード７ …………………………………………………… *79*

  糖尿病について ………………………………………………… *81*

カリフォルニア住宅事情 ………………………………………… *83*

    コード８ …………………………………………………… *84*

    コード９ …………………………………………………… *85*

  機械学習 …………………………………………………………… *86*

データベース（MergingとCleansing） …………………… *88*

  データとは ……………………………………………………… *88*

  Relationships ………………………………………………… *90*

  Long and wide ……………………………………………… *91*

    コード10 …………………………………………………… *92*

  Merging ………………………………………………………… *94*

  Cleansing ……………………………………………………… *96*

論理ゲート詳論 …………………………………………………… *99*

  DataFrame ……………………………………………………… *99*

    コード11（DataFrame） ……………………………… *99*

    コード12（logic gate general） ……………………… *100*

コード13（XOR） ･･･ *102*

コード14（自家製perceptron） ･･･････････････････････ *103*

結語 ･･ *105*

Perceptron ･･ *106*

乳がん検診プログラム ･･･････････････････････････････ *108*

コード15（乳がん） ･･･････････････････････････････････ *108*

where() ･･･ *109*

__init__() ･･ *109*

activation ･･ *110*

fit() ･･･ *111*

for_ ･･･ *111*

enumerate ･･･ *111*

predict ･･ *112*

結語 ･･ *112*

Iris（菖蒲） ･･･ *113*

コード16（decisiontree and randomforest） ･･･････ *114*

California_Housing dataset ･･･････････････････････ *117*

コード17（california_housing dataset） ･･････････ *118*

Filteringとloc ･･ *119*

コード18（サンフランシスコとロサンゼルスの住宅価格）

･･･ *120*

コード19（visualization） ･･･････････････････････････ *121*

Data Visualization ･･･････････････････････････････････ *125*

コード20（seaborn） ･･････････････････････････････････ *126*

跋 ･･ *127*

人工知能と政治の知能

危うい日本のディジタル・フューチャー

序

　この著はAIを論じたものであるが、プログラム言語の解説書ではない。かつては、IT立国を標榜した日本がIT亡国となった現状をただただ拱手傍観、慨嘆するばかりではと、気を取り直して、AI周辺の基本的事実を、思いつくままに書き記した、漫然たる書である。表題の「人工知能と政治の知能」は、政治家の知能、新聞記者、テレビキャスター諸氏の知能を、失礼とは思いながら、脳裏に浮かんだままに、つけたものである。諸氏の多忙なことは、承知しているし、コンピュータプログラミングの習得には多大の時間を要するのも事実である。しかし、諸氏の知識の程度が今のままでは、国家の存亡に関わることになろう。不遜な思いであるが、老材朽ちたる九十の翁の戯言と、御寛恕を乞う次第である。

　これは、単なる序ではなく、全文の要約という意味も含めさせた。ここで述べたことの証拠付けを試みたものが、本著である。なるべく、数学、プログラムは避けたかったが、この著の性質上、最小限、含ませざるを得なかった。ただし、解説はつけてある。

　19世紀に写真術が現れて、肖像画を描いて日々の暮らしをたてていた絵師たちの生活を脅かした。その写真が、コンピュータ技術によって、改変され模造される時代となった。音声の模写はさらに容易である。YouTubeに、著名な政治家の演説が捏造されたり、ハマスの幹部とイスラエルのネタニヤフが抱き合ったりする動画が流れ、欺かれた大衆が騒ぐなどということが、日常茶飯事になった。

　しかし、レオナルド・ダ・ヴィンチの「最後の晩餐」の絵も、

同じ作者のモナリザの絵も、馬にまたがってサン＝ベルナール峠を越えるナポレオンの絵も、事実ではない。しかし、それは事実以上の事実を表していると称賛されている。つまり、鑑賞する側の問題という面もある。事実でないこと、それ自体が悪いのではない。問題なのは、制作意図と、鑑賞者の理解能力なのである。ヤコペッティの映画「世界残酷物語」も捏造の部分があると噂された。第二次大戦中の新聞報道なども酷いものであった。偽情報はいつの時代にも、浜の真砂程も転がっている。瞞着する技術が進化し、瞞着される人間の品質が悪化した、ということはあろうが、人間が賢明になること以外解決の道はない。歴史を romanize してはいけないと、アンドレ・モロアは言ったが、ろくに資料を調べもせず書かれた歴史小説が評判をとり、映画となる。その映画も、大衆操作の道具とされる。ナチスの宣伝相パウル・ヨーゼフ・ゲッベルス（Paul Joseph Goebbels）は、ラジオを、そして後には映画を政治的に大いに利用した。そう考えていくと、人工知能が悪いのではなく、それを正当に扱えない政治家や、それに引きずられる大衆の知的水準が問題なのだということになる。技術は営利のために、そして次には犯罪（その最たるものは戦争だが）に使われるものだ。技術の時代には、特に「政治の知能」が、人類の運命を左右する。情報の伝達速度の速さが、大衆を扇動して、些細なことを問題視する風潮を生む。つまり、butterfly effects が、事態を悪化させる。「精神革命による敵国の改造」。これが、ゲッベルスの信条であった。そして、破壊することなく、敵を味方に組み入れる、これこそ、真の勝利であるとした。勿論、日本の戦国大名も含めて、これは戦いの常識であろう。この考えは、プーチンも、習近平も、CIA ももっているはずである。新しいゲッベルスが、それも一人ではなく、何百と満面に笑みを浮かべて登場する時代、それがこの21世紀なのである。フェイク画像

序　　7

は、ますます巧妙となり、政治的にも、経済的にも、大きな影響を与えるようになるようだが、大衆や政治の知能が追いつけない。しかし、結局は、贋造紙幣のときと同様、透かし（watermark）を入れることによって解決するであろう。そのようなことは、歴史上くりかえされてきた茶番劇のひとつに過ぎない。短期的に見れば、それも大きな影響を社会に与えるであろう。もっと深刻な影響が長期の観点からは、問題になる。人間存在の硬直化である。それが、本著の主題の一つである。

　日本の政治家の発言を聞いていると、AI、AIと物知り顔に繰り返されているが、AI が artificial intelligence の acronym であることすら、ご承知ではないかと思われるほど、稚拙である。AI の重要性を、本当は知っていないのではないかと、当然、疑いたくなる。マイナンバー制度も、雑居ビルのように築くようである。データベースがなにか、担当大臣もご存知ないのかもしれぬ。

　2023年の 8 月に出た、ある調査を見た（Startus-Insights,「Top 10 Military Technology Trends & Innovations for 2024」）。それは、世界の軍事産業のうち、勢いのある startup の動向を調べたものであった。多分、資本関係から分類し、序列をつけたものと思われる。その結果を用いて、24世紀の軍事産業の行方を予測している。その結果、2024年度注目される軍事産業の top 10 は、

Artificial Intelligence, Advanced Defense Equipment, Robotics & Autonomous Systems, Internet of Military Things, Immersive Technologies, Additive Manufacturing, Big Data & Analytics, 5G Connectivity, Blockchain

となった。その結果は、AI 部門が、最新鋭兵器（Advanced Defense Equipment）の部門を抜いて、一位となっている。総体

に占める割合は20％である。もちろん、AIを使わぬ分野はないから、純粋なソフト産業を指していると考えてよいであろう。この調査の対象は、兵器産業であったが、他分野の産業についても、AIの占める重要度は、この比率とあまり変わらないはずである。AIの開発方法、利用方法について、制限を設けるのは、それはそれで良いかもしれぬが、大きな問題はそんなところにはない。機密情報の保護というが、何が機密なのかわからないのということも、機密という言葉は含んでいる。むしろ、基本的な事項は、一切をopenにすることを求めるべきなのではないか。OpenAIは、open sourceではない。Open sourceになることもないであろう。企業の利益、国益、人類の利益の間に、齟齬が生じてきた。世界の情勢から、日本の現況に目を転じれば、一層悲惨な現実に出会う。

　上記報告書には、そういったstartupsのheat mapが載っている。それを見る限りでは、Silicon ValleyとBostonが大きな丸で描かれており、それに次ぐのは、英国のMS Corridor、また丸が小さくなって、インドのBangalore、また小さくなってイスラエルのNess Zionaとなっている。東京は、ソウルより小さな丸になっている。勿論、日本国家の有り様は、他の国家とは違うということは、付言しておくにしても、である。日本の辺鄙な地方に、台湾の企業の下請けをつくる。その従業員の育成のために、地方大学に半導体の講座を設ける。ようするに、米国の世界戦略のお役に立とうという、いたいけな志である。その大学には、統計講座というものもない。本当は、量子技術（量子コンピュータ、量子センサー、etc.）から初めて、コンピュータ技術（人工知能、データ解析、etc.）、統計学、半導体、robotics等をひとまとめにした一大研究所をつくって、それに工科大学を附置すべきなのである。研究所は国立でよいが、大学は企業（自動車産業、ロボット産業、証券会社、etc.）に出資さ

せて、教育も含めて企業との関連を密接にすべきなのである。IT 立国という合言葉が、いつの間にか消え失せて、IT 亡国になっていく、そういう日本の悲劇が24世紀の歴史書の中に書き込まれていく。そして、歴史家は、その国の政治の知能を厳しく断じる、そういう未来図が彷彿とする。

付記：TSMC にとって、確かに張忠謀（Moris Chan, 1931‐）の存在とその影響力は否定できるものでないにしても、その裏に蒋経国（1978年台湾総統）以来の国家プロジェクトが隠れている。当時既に活況を呈し始めていた台湾の半導体産業を支援すべく、財団法人工業技術研究院（Industrial Technology Research Institute）が設立され、やがて1985 年には、その総裁に張が選ばれるのである。その国家プロジェクトが、そもそもの発端なのである。蒋経国も張忠謀も浙江省寧波（*Ningbo, Zhejiang*）の生まれであるということは、奇しき縁以上のものがあるのであろうか。蒋経国総統の頃の日本の総理は、大平正芳、鈴木善幸である。つづく40年、日本では、国家の命運を考えぬ政治家が、権柄をとってきた。

　最近の The Economist 誌は、科学立国の最先端を行く国として、デンマークを挙げている。それと対比して、ロシアの零落の著しいことを報じている。おそらく、この世紀はアメリカの情報産業が先導することになるようだ。英語の能力は、そのまま、情報技術の習得力につながる。インターネットの世界では、英語は、lingua franca だ。日本は、この英語教育の振興にも失敗したようだ。小学校から始めても効果はない。病根は大学にある。大学の書房から、英語の雑誌が消えていく。そういう日本を憂えている人も、稀ではあるが、いることはいる。しかし、ほとんど絶滅種である。また、TIME 誌は、UAE、アラ

ブ首長国連邦が、今や、AI 先進国になりつつある状況を報じている。首長国というのは、Amir と呼ばれる首長が支配している領域のことだが、そのいくつかが集まって造った国家がUAE である。人口は、デンマークにほぼ相当する小国である。構成する国家の最大なものが、アブダビ（Abu Dhabi）であり、首都もここである。その首長一族の資産は、1.7兆ドルにのぼるという。彼らは、AI 省を創設し、27才の若者をトップに据え、ATRC（Advanced Technology Research Council）なるものを設置し、AI の専門家を世界から呼び集めて、プロジェクトの開発を始めた。Falcon の成功は、世界の耳目を引き、米国の大企業の top も相次いで訪問している。startups という言葉は、単に企業のみではなく、国家にも当てはまる時代となったようだ。

　2023年の暮、TIME はいかにも日本人らしい日本人の写真を表紙トップに載せた。ユニクロの CEO 柳井である。見出しは、Rebel with a Cause である。アメリカ人は、やや衒学じみた、こういう言い方が好きだ。ハリウッド映画の名作「Rebel without a Cause（理由なき反抗）」をもじったのである。もっとも、この語句は、without であって意味があるので、with では語句として意味をなさない。アメリカ人のギャグにも、妙なものもある。階段を一段一段登っていき CEO となる、手堅いが、冒険はしない。そういう日本の大企業の体質を鋭く批判して、祖国日本よ、30年の眠りから覚めよ、そして世界に羽ばたく気概をもて（tap into the rest of the world）。さもなければ日本に未来はないと柳井は叫ぶ。進取の気性を喪失した起業家が、官僚主義に走る時、待ち受けるものは、亡国の悲惨であるというのだ。その叫び声を真っ先に聞かなければならないのは、AI 産業である。柳井は、保身のために国税を使って、バラマキ行政をやる、補助金が国家を腐敗させる、そういう現状を憂えているようだ。その記事の中には、日本の経済の体調不良

序　11

（malaise）の兆しとして、3つの数字が挙げられている。第一は、国家の借財、これは GDP 比264％、次にヴェンチャー企業投資、同じく GDP 比で、米国の0.64％に対して0.08％、つまり1/8である。最後には名目賃金の上昇率が挙げられている。

　この記事の最後には気になる文章がある。

Yanai may be left asking what his country can do to Uniqlo.

というのだが、それは、J. ケネディの就任演説（1961年）

My fellow Americans: ask not what your country can do for you—ask what you can do for your country.

をもじったものである。この名文句は、柳井の座右の銘であるという。彼の死後、ユニクロ（Uniqlo）が政府の助けを求めるようになると言っているのか、日本には柳井以外にもう柳井は出ない、ただ衰亡の一途をたどるだけだろうと、アメリカ人はみているか、何か暗い感じをうけたからである。それとも、また、センスのないギャグに過ぎないのだろうか。

　本著の中で、AI の定義をややくどくどと述べたのは、当然のこととご理解いただけると思う。様々な定義があり、漠然とはしているが、その示している方向は極めて明瞭である。それは、人間に代わって、コンピュータに decision-making をさせる、そういう傾向が徐々に進んでいくということである。人間の脳を模したプログラミングというのは、初期の研究者の態度にはあったかもしれないが、それを AI の定義とすることはできない。脳が情報を伝達し、処理する機構は、脳の研究が進むに従って、ますます複雑であることがわかってきた。いままでは、neuron などを支えるだけで、情報伝達とは無縁とされて

きた neuroglia も、情報伝達の一翼をにない、記憶との関係が指摘されている。AI は、人脳の模倣ということで名付けられたのかもしれぬが、それは人智とは異質な能力である。多くの人も、人間と AI は得意の領域を棲み分けて、互いに依存しながら進化していくべきだと考えているだろう。ただ、そうであるためには、人間の側に相当の努力が必要であろう。特に、日本では、政治の貧困がそのまま、例えば IT 技術者の不足に繋がっているように思える。AI というのは、一人の人間がその天分を発揮するという分野ではない、多数の人間が組織的に協力しなければならない技術である。それだけに、政治行政の有り様が問われる仕儀になる。

　経験論は、人智の起源はすべて知覚によって与えられた印象であるとする。印象というと、認識に漠然としてではあるが、なにか単位があるのではないか、と思うかもしれぬが、それは絵の具のようなものであり、あたりの絵の具と混じり合って渾然と一つの絵画をなすのだ、という。つまり、認識とは、純粋経験の部分同士が接触し、関係を持つことである。しかし、これでは、経験は、個人の硬い殻に閉じ込められて外にでることができないであろう。それで、Earth-soul という広大な意識が、我々の意識を包んでいるのだという（Cf. W. James『純粋経験の哲学』岩波文庫、p.143）。この Earth-soul の経験がいかなるものか、それを、ビッグデータと類比してよいものだろうか、疑念はしばらく置くことにする。そのビッグデータを Earth-soul はいかにして統合するのだろうか。個々的な経験から一般命題を引き出す、そこは経験論に閉じこもっている限り、説明し難いところである。帰納法の始唱者が言ったように、「絶えず漸次的に上昇して」結論に達すると言う他はあるまい。Perceptron, DecisionTree, RandomForest などの話の詳細は、後に回すことにしても、それらのアルゴリズムがやっていることは、帰納法

に近い。結論に達し得るかどうか、確率収束の問題は未解決のようだ。もう一つ、この書を書いているうちに気づいたことだが、どのモデル、例えば、どの perceptron を使うかによって、出てくる結論が違うことがある。本文のコード7とコード8と、"結語"を参照されよ。

コンピュータに対しても、経験という言葉が使えるかもしれない。しかし、生硬極まる経験である。なぜなら、コンピュータが経験する瞬間は、エンターキーが押されたときであり、そのときに限るからである。それは、すでに窓の開かれた経験であり、そこから一般法則、rule が引き出されても、不思議はない。事実、ビッグデータを繰り返し、繰り返し、training して、rule を見つける、それが、コンピュータのなす decision making ということである。

次に、machine learning（以下 ML と略す）に移ろう。曖昧模糊としている AI の中心部に ML がある。さらに、そのなかに deep learning という分野がある。言葉は、機械学習、深層学習と訳されているようだが、あまりいい訳語とも思われぬ。Learning は、知識を acquire するという意味であるし、deep は、ネットワークの層が多数続いているということであるから、習得、多層と訳すほうがよいとも思われる。これは、私見である。もっとも artificial intelligence を人工知能と訳すのも変といえば変である。どうしてかというと、それは、コンピュータによって情報を人工的に操作するということであって、完全に能力と訳してよいものだろうか。ともかく、訳文というのは眉唾が多い。シェークスピアの『リチャード三世』に出てくる intelligencer は、スパイである。情報を集め、他所に伝える、何となくコンピュータのプログラミングに似ている。自動翻訳というのがある。パスカルの有名な章句に

14

Le nez de Cléopâtre: s'il eût été plus court, toute la face de la terre aurait change

　というのがある。これを自動翻訳させたらどうなるだろうか。court は、フランス語で、短いという意味だが、ここで鼻が短いと訳したら、誤訳になる。通常は低いとされているようだが、芥川の『鼻』には、鼻が短いという言葉もでてくる。勿論これは、日本語では特殊な事情のもとで使える言葉である。ともかく、短い鼻という章句も日本語にはある。定訳をとるか原義をとるか、博識なる ChatGPT 君よ、如何せん。

　Neural network というのは、ML の一部を指す言葉であるが、人間の脳の機能に似せて作られたことから、こう呼ばれている。これは、multi-perceptron であって、neuron に模されている perceptron（artificial neuron）が集まって、縦に層をなし、そういったものが幾つか横に並んで全体となっている。input を受け付ける層：input layer、隠れて仕事をする層：hidden layers、最後に output を司る層：output layer という重層構造になっている。膨大な data を扱うために、さらに多数の層が複雑に組み合ったものが、deep learning である。各入力には、重さが掛けられて、足し合わされ、最後に bias が加えられる。それが、ある閾値（threshold）を超えた場合だけ、次の層（layer）に伝送される。data は何回も訓練（training）を受け、正確度を増す仕組みになっている。既に現在、speech や画像の認識、株価予想等、様々なビジネスに応用されている。著者が、毎日お世話になっている Google search も neural network である。これは、膨大な system であろう。これに対して、マイナンバーにしろ、住基ネットしろ、database としては小規模のものであろう。しかも、database としての management という点では、ただの寄せ集めのようだ。それは、検索機能の質、

速度に関係するだろう。どんな規模の database でも細心の注意をもって運営されていかなければならない。それは極めて大変なことなのである。大臣、記者諸氏に data とは何か、ご理解していただかなければならないと考えて、一章を設けてある。database の作り方によって、検索、更新の速度、安全性の確保等に大きな差異が生じるのは間違いない。ML の扱う data は、tidy（きれい）でなければならない。そのためには、data cleansing（データ浄化）が必要になろうが、その場その場で、彌縫的にやっていくおつもりのようであるが、そういうやり方では、merging（データ融合）の際に問題が起りやすい。行政の現場のほとんどが、Excel を使用しているようだ。末端の Excel の table を統合して運営していくというならば、使用してる Excel の format を国家として決めておく必要があろう。例えば、姓と名を、一つのセルに入れるか、二つに分けるか、また電話番号をどういう書式にするか、などということである。それは、行政の簡素化のイロハであろう。もっとも、それには職員の研修が必要だが、大学でも県庁でもそのような話は聞かない。AI と向き合っていく姿勢が日本の社会には欠けている気がする。

　data についての詳細は、本論に任せて、思いつくままに、data 一般について述べよう。

　庶民の記録というものが、世界史に残ることは、まず稀であろう。著名なる人々、アレクサンダー大王、シーザー、ジンギスカン、ナポレオンなどの足跡は仔細に調べられている。前橋敏之なるものがどう生きようと、歴史は無関心である。記録は常に偏見をもっている。自然は、誰の面前にもそのままの姿で佇んでいる。その意味で平等である。人々は、そこから経験を引き出す。しかし、コンピュータの経験は、自然から人間が直接受容したものではない。何らかの測定機器が介在している。

それは純粋経験とは程遠い、数字の羅列である。その上、ビッグデータは、西欧の、それも米国の企業が独占的に所有している。それも、すこぶる偏重したものである。乳がんのデータも、白色の米人のものが多いであろう。このことは、当然上記の歴史的偏見とも関連する。新聞紙上で、国連にいるアフリカの学者が、がんのデータがすべて西欧人のもので、それをもとにアフリカの人々を診断する危険性について、憂いていたことを、虚ろながらに覚えている。万事、data というものは、一つの傾向性をもったものである。ビッグデータが、西欧の方に顔を向けていることは、そこが発生地なのだから已むを得まい。それを正すことは至難であろうが、AI の課題の一つであろう。AI と長きに亘って共棲していくためには、人間の努力が必要となる。金もかかる。しかし、そういう努力をしようとしない国はたちまち、奈落の底に蹴落とされる、そう覚悟しなければなるまい。

　AI が出力したものを改めて data に加える、一般的に言えば、それは劣化した data である。そうして太った data の信頼性は、当然落ちる。この書では、乳がんにもページを割いている。最も信頼のおけるデータは、おそらく老練の医師諸氏が、自身の目で見られた判断であろう。そこには、人間がいるし、いなければならない。それを基にして、AI が出した診断も、最後は、良性かどうか、人間が判定し、data に加えるべきであろう。本書では、乳がん診断のプログラムを医師諸氏が理解できるよう、詳細に説明してある。勿論、それは他のがんにも適用できるものである。

　背後に色々と問題があることが、理解されないままに AI 讃歌がうたわれていると、そのうちに、当然人間は、いつかは、AI の作った世界の居候になる。マスク（Elon Reeve Musk, 1971 –，BBC は、"X, Tesla, SpaceX のボスで、世界一の富豪、AI

序　　17

が人類絶滅：humanity's extinction につながる、と考えている"、と紹介している。もっとも、humanity は、human nature：人間性と取った方が良いかもしれぬ）は、そのことを心配しているのだろう。

　OpenAI のアルトマン（Samuel Harris Altman, 1985－）は、なかなか風貌に似合わず強かな男のようである。収益を上げることを目標に掲げれば、その恩沢に浴せる従業員もついてくる。彼の言葉を借りれば、"人は、自身が損をする話は聞きたがらないものだ"、ということだ。OpenAI の CEO に返り咲く、どんでん返しは、少なくとも米国全土を震撼させた。TIME 誌は、2023年度の "Person of the Year" に、アルトマンを選ぶ。彼は、"Person of the Century" の間違いではないか、と思ったことであろう。肝心のところでは妥協をしない。そのひとつに、ソースをオープンにするということもある。OpenAI は open ではない。AI に問題があるとすれば、これもその重要な一つであろう。多分マスクもそう考えていると思う。孤立した企業の収益で考えるか、人類の運命という視点に立つか。次章の話題は、TIME 誌に載ったマスクの会見記である。

マスクは語る

　TIME誌の、2023年のある号に、イーロン・マスクとのインタビュー記事が載っていた。その中には、彼の性格がよく表れている会話が幾つかあった。ここに、それを紹介しておこう。旧聞（2015年10月）に属するが、例のAlphaGoが、囲碁の天才といわれた囲碁棋士のファン・フイに完勝したことは、覚えておられる方もおられよう。AlphaGoは、DeepMindという会社が制作したプログラムである。その事件は、コンピュータの力をまざまざと世間に見せつけた事件であった。DeepMindは、その後、Googleに買収されたが、当時の共同経営者の一人が、脳科学者のデミス・ハサビス（Demis Hassabis）であった。彼と会談をしたときの、記憶をマスクが語っている。ハサビスが、人工知能は、いつかは人類を超えて、ひょっとしたら、人類を絶滅させるのではないか、という趣旨のことを述べると、マスクは、たちどころに賛同する。じつは、1920年にすでに同じことを、チャペックが『ロボット』のなかで書いているのである。あるロボットが、バリケードの上にたって叫ぶ。

　人類の時代は終わった。新しい世界が来たのだ。ロボットの世界が。

　マスクのマスクたる所以は、そのためにその場で500万ドルを投資したところにある。2013年のことであるが、マスクの誕生日パーティーに呼ばれた、Googleのページ（Larry Page）は、マスクと熱い議論を戦わす。マスクが持論を言うと、ページは、直ちに、そんなことはセンチメンタル、ナンセンスだと一蹴。

翌年そうそう、DeepMind を買収する。マスクは、もちろんこの買収には抵抗をした。そして、サム・アルトマンに会う。彼は、いろいろな IT 産業の経営に携わってきた若手の起業家であった。2008年の BusinessWeek 誌は、彼をベストヤングアントレプレナー／テクノロジー部門の一人に選んでいる。マスクとアルトマンとの会談の結果、OpenAI という名前の非営利的研究機関が設立される。もちろん、マスクは多額の拠金をしている。しかし、アルトマンはマイクロソフトなどからの投資を受けて、営利企業とする。マスクは、それは約束が違うではないか、と責めるが、アルトマンは、私は株主ではない、と突っぱねる。2020年には GPT-3 を、2023年には GPT-4 を公開する。こう書いてくると、マスクは世間知らず（jerk、アルトマンの言葉）であって、騙されているばかりではないか、ということになる。にも関わらず、テスラ、スペースX、NeuralLink、Optomus、xAI などを設立、歴史的にも稀なエネルギーを持って活躍しているのは、周知の通りである。天才には、天才にしか分からぬやり方がある。彼は、成功をただ目的としているだけではない、ある理念を持って、その達成のための過程を楽しんでいるのだと思う。常人には、その精神状態はやや異常に見えよう。インタヴュアーは、その笑いを manic laughter と書いている。このインタヴュー記事の冒頭には、マスクのやや狂気を帯びてはいるが、確乎とした意志の強さを表現する素晴らしい写真がある。

　この記事の中に、意識（consciousness、例えば human consciousness）という言葉が二度ほど出てくるが、こういう言葉を持ち出せば、議論は深い霧に閉ざされた山道にさまよい込むことになる。そのことは、俗事に多忙な経営者諸君には、わからないようだ（序文で述べた、James は意識というものは存在しないと断定している）。

ju pense, donc ju suis（cogito ergo sum）

というときの ju は既に純粋意識ではない。反省された意識である。そこでは、様々な表象が欲求によって関連付けられ、統合される。思考とは、そういう状態を外から眺めて言う言葉であろう。意識という言葉を出さないで、マスクの言わんとすることを述べれば、コンピュータは考えるか、そして自分で決断し、人間の意向を無視して機械を、つまり世界を、操作するようになるか、ということであろう。考える葦が、自ら考案した巨大な器具によって、危殆に陥らんとしている、human dignity、human grandeur が彼の脳裏にあるのであろう。その点では、マスクは全く正しいと言って良いと思う。ページやアルトマンは、そこらに転がっているただのやり手に過ぎない、ともに語るに足らずと、マスクは、それに対抗する道を選んだように見える。しかし、アメリカ自由主義経済を牽引する力は、利益の追求、つまり金儲けであり、それは、引きずり降ろされたアルトマンが、時を隔たず返り咲いたドタバタ劇にも見ることができる。アルトマンなら、儲けさせてくれる、という論理が勝ったのだろう。chatbot の裏面は、少なくとも当面は、ChatGPT5を含めて、オープンにならないということである。

　経験も、意識同様に、problematic な（問題のある）言葉であるが、AI を論じる際には、避けることのできない言葉である。しかし、ここでは、次のように常識的な使い方をしようと思う。知覚が外的刺激を受け取って、意識内に表象ができる。そうしてできた様々な表象が関連付けられ、総合されたものが、経験である。その際、個々の意識（それをモナドと言ってよいだろうと思うが）は、互いの間でその経験を疎通し、それを拡大する。つまり、経験は、他者の存在を介して、豊かになっていく。同

時に、道具を使った経験が、人間の経験の領域を侵食してくるようになる。人間の身体では咀嚼できない硬い経験も増えてくる。コンピュータも、人間の作った器具である。当然、コンピュータの世界は、人間の経験世界の一部で、人間に益するものとして作られたはずである。それが、人間の手を離れて、自ら考えるようになり、勝手な行動をする、そういう恐れが生じてきた。マスクは、人間の脳に電極を埋め込んで、それをウェッブで繋いで、増大する AI の能力に対抗するのだという（Neuralink）。Global Brain を作ろうとしているのだろうか。これでは、ミイラ取りがミイラになるの、愚を犯しているのではないだろうか。

　まず、AI は考えるか、という問題から始めよう。当然、AI とはなにか、考えるとはどういうことか、ということが、分析され、明確にされなければならない。AI とはなにか、これは後回しにして、考えるとはどういうことか、を議論しよう。コンピュータは考えるといっても、"考える"の定義がはっきりしなければ、議論は小田原評定になることは必定であろう。しかし、これは、他の哲学談義同様、困難な作業である。

　パスカルの、考える葦（un roseau pensant『パンセ』347, 348）の「考える」と、デカルトの ju pense の「考える」とでは、おおきな差がある。前者は、傷ついた葦であり、待つものは悪徳、悲惨、誤謬、暗黒、絶望、死しかないと悩んで、神の御袖に縋り付く葦であり、それが考えるのである。当然それには、不透明な直感的要素が混入する。しかし、それは、l'ange（天使）でもなく la bête（野獣）でもない、その中間を漂う人間の penser なのである。「Ju penser」の penser は、幾何学に範をとって、単純で明快な論拠を繋げた長い連鎖として、考える penser である。求められる限り細かな小部分に分割し、最も複雑なものへの認識まで少しずつ、1 段 1 段と登っていく penser である。

ヴァレリーは、デカルトの「自我」は、幾何学者だと言っている。コンピュータは、考える葦にはなり得ない。せいぜいデカルト的に考えることができるか、ということであろう。こう言い直すこともできる。コンピュータが考える道筋を、ユークリッドとデカルトがつけたと。

人工知能とはなにか

　人間も通常は、その事象の様々な特性（attributes, features）を測定し、それに基づいて理論を立て、結論を下す。しかし、人間には、結果を直感する能力もある。計測をしないで正確な結論を出したり、論理的推論を通らずに正しく判断したりする。それに比べれば、機械学習は硬直的で柔軟性を欠いている。しかし、膨大なデータを関連付け、高速で処理するという点では、人間の能力を遥かに超えている。そもそも、データなるものは、人間の記憶と比較すれば、disproportional に大きい。それは、人間の体験に新たな広大な領域を加えるものである。そこに人間の輝かしい未来を期待する人もいる。反面、その力が人類を破滅に導くという見方も現れる。どちらが正しいかは、これからの政治家の洞察力と行動力とにかかっている。政治家は、AI、AI と叫ぶが、AI が何か深くは知らぬようである。そもそも、AI（Artificial Intelligence）ないしは Machine Intelligence、Computer Intelligence などという言葉は、漠然としている。正確な定義もないようであるが、一応著名なる学者の言うところを参照してみよう。AI のまえには、情報機械、機械学習などの言葉がコンピュータの世界に現れた。

　AI、それは、self-awareness, consciousness、自分自身の考え（thoughts）を持ち、Talking, Learning, Planning, Understanding, Decision making（語り、学び、計画を立て、理解し、決定）する能力を有するものとされているし、そういう方向で、それなりの成果を上げてもいるようだが、まだ、それは初歩の域を抜け出ていない。

　まずは、様々な定義を書きつづってみよう。まず、コンピュ

ータすなわち計算する機械というのは、コンピュータの実態にあわないという意見が出て、情報機械（intelligence machine）という言葉に変えたらどうかということになって、そのころから歴史の潮目がかわったようである。機械学習（machine learning）という言葉も、AI より早く現れた。1959年、サミュエル（Arthur Samuel, IBM Journal of Research and Development）は、こう述べている。

"Machine Learning is a subfield of computer science that gives computers the ability to learn without being programmed"

機械学習とは、人間がプログラムしないでも、自身で学習する能力をコンピュータに与えるコンピュータ科学の分野を指す言葉である、というのが彼の定義であった。サミュエルは、IBM でチェッカーを指すプログラムを書いていた技術者である。Artificial intelligence という言葉自体は、マッカーシー（John MacCarthy）が1955年に初めて使った。創始者の定義を、まず記そう。

AI とは、知能機械、取り分けて、知能的コンピュータプログラムを作成する科学技術を指す。

当然、人は、そこで言う知能とは何か、と問いたくなるであろう。それに対して、マッカーシーは、「目的を達成する能力のうち、計算（computational）に関係している部分である」と答えている。人間知能といえば、何か分かった気になるが、抽象的に知能（intelligence, intelligent）と言われると、わからなくなるというところはある。プログラムのどの部分が intelligent なのか、識別は難しいと、マッカーシーも認めている。この分

人工知能とはなにか　　*25*

野の先駆者にもう一人ミンスキー（Marvin Minsky）がいる。彼には、『人工知能』（1966年）という優れた解説がある。そのなかに、

　目標を決め、計画を立て、仮説を検討し、類推を働かせるプログラム

という言葉があるが、多分これが彼の言うところの人工知能なのであろう。その論文の末尾に

　人工知能に対して、なんらかの支配力を持ち続けることを人間が望むとしても、そうなるかどうかは別として、AIの出現によって、われわれの活動と志向は全く変わるであろう

と書いている。そして、この言葉が全く正しかったという事実に、我々は現在直面しているのである。
　さて、別の定義をみてみよう。「ウィキペディア」の定義である。

　人工知能とは、機械の知能のことであるが、人間や動物がもつ通常の知能は、意識や感情を含むが、それとは違うものである。

　投資、金融のウェブサイト「Investopedia」の定義はこうである。

　人工知能とは、人間のように考え、その行動を真似る、機械による人間知能の模擬のことを指す。

IBM は、

人工知能は、コンピュータや機械の能力を高めて、人間精神の問題解決や決断の能力を模倣させようとする。

と定義している。最後に、「ブリタニカ」の定義を上げておこう。

普通は知的存在のみにみられる行為、例えば推理する、意味を見出す、過去の経験から学んだり、それを拡大したりする能力、そういったものをデジタルコンピュータないしコンピュータ制御のロボットが行使する能力である。

どれもこれも常識の範囲を出ない、といえばそれまでであるが、ミンスキーの定義が一番よく分かる。人によっては、artificial intelligence という言葉を避けて、AI technique という言葉を用いるものもいる。いずれにしても、AI は、いつまでたっても、the technique of the future と呼ばれるであろう。なにしろ、人間の脳には、何百万というニューロンがあり、それが、複雑な形で繋がっている。あるニューロンは、他の20万のニューロンと接触しているという。それは、生物的なdiversity である。この vast diversity を、模倣することは、AI といえども至難の技であろう。

Artificial Intelligence は、weak AI と strong AI とに分けられることがある。weak AI が、人間の脳を模倣するだけなのに対して、strong AI は、人間の脳の機能をそのまま写し取るものだと言われているが、そのような strong AI なるものが出現するかどうかは、人間の脳の複雑さを知れば知るほど、疑わしくなる。IBM の Dr. Watson、Apple の Siri、Microsoft の Cortana、

人工知能とはなにか　　*27*

Amazon の Alexa、Netflix の Recommendations などの weak AI
も、人間脳との類似は極めて皮相的のようである。といっても、
その有用性を否定するつもりはない。それらは、

Email spam Filters、Text to Speech、Speech Recognition、
Self Driving Cars、E-Payment、Google Maps、Text の自動修
正、 自動翻訳、Chatbots、 顔認識、Visual Perception、
Search Algorithms、Robots、 投資技術、NLP（Natural
Language Processing）、Drones、

など、並び立てれば切りのない、多くの分野に使われているし、
大きな経済効果を上げている。AI に対して、先に述べた ML:
機械学習の方は、言葉としては比較的に明瞭である。Deep
Learning はその一部である。
　機械学習の特質は、無論、その機械的機能性にある。そして、
そこにこそ、認識論的な意味も生じてくるのである。専門家の
なかには、養護用ロボットは、コンパニオンとして contextual
empathy を示すときもある、という人もいる。もっとも、この
英語は複雑な内容を含むもので、なんと訳してよいかわからぬ。
それこそ、ChatGPT にお伺いを立てたいものだが、多分大き
な期待はもてないであろう。contextual は、前後関係から語の
意味を察することである。それが、この場合にどういう意味を
持つかと、いうことである。要するに、長く付き合っているう
ちに、ロボットも人間の心持ちを察し、理解し同情するように
なる、ということのようである。でも、それは human
empathy とは違って、どこか機械的な冷たさがあろうと、常識
的に考えられるが、現場を知らないから、そうですか、という
他はない。機械学習の代表的なものには

generative AI（GenAI）, Text generation, Image generation, Video and Speech generation

などがある。GenAI ないし GAI は、big data を clustering（集めるとか、束ねるという意味だが、今は、コンピュータ用語となっている）し、そこからパタンを見出し、そして豊富な情報を生み出す機能で、最近の GPT、Midjourney もこの一分野と考えられる。当然、画像、ビデオ、テクストの生成との関連もある。

　Text 生成の分野では、マルコフ連鎖、recurrent neural network などが使用されるが、最近では transformer が注目されている。

　Video, Speech generation では、GANs, Video Diffusion が用いられている。当然、これは、自動運転にも応用可能である。ここでも transformer が重要な役割を果たす。テクストを読んだり、voice cloning（誰かの声色を使う）、メタバース（これは、次に論じる）などとの関連も指摘されよう。

AI とメタバース

　2023年の６月、NewsWeek 誌は、「AI は、我々の生活をどう変革していくのだろうか」という論説を載せていた。その概要を、敷衍しながら気ままに記してみよう。そこで言われている AI は、ChatGPT, Bing, Bard などを指しているようである。それらは、平易な英語で尋ねれば、色々な質問に答えてくれる。遺言書の作成などは、弁護士を煩わせる必要はなくなるであろう。そして、法律相談の45％は、GPT がこなすようになる、と考えられている。Telemarketing は、AI の最も得意とするところであろう。この telemarketing というのは、商品、サービスの宣伝を自動的に電話、e メール等で行う、いわゆる robocall のことである。

人工知能とはなにか　*29*

製薬、医療の方面では、既に様々な成果が、AI の利用によって行われている。超音波によって身体内部の画像が得られる。腫瘍を発見し、その大きさ、色の変化、周縁の状況などを測定し、それを基に AI が良性か悪性かを診断する。AI を利用した膝の遠隔手術などは、すでに実験的に行われているようである。病室を殺菌したり、患者のコンパニオンになったり、歩行をたすけたりするロボットも出現している。運送もドローン、ロボットが代わってやってくれるだろう。農場では、自動運転のトラクターもすでに利用されている。

　映画の脚本も AI がやってくれる。ゆくゆくは、映画は、おおよその筋書きを述べれば、細部はすべて AI に任せることができるようになる、という。登場人物も、つまりジョン・ウェインもゲーリー・クーパーも、という意味だが、画像 AI が作り出す、そういった未来も近いようである。そして、次は、メタバースの時代となる。このメタバースという言葉は、10年前にはほとんど聞かれなかった。それが、今年に入って急激に世情を騒がせるようになった。昨年に比しても 6 倍以上の使用数であるという。この meta という接頭詞であるが、metabolism, metamorphism などでは、変化の意味であり、metaphysics, metaphor などでは、背後に、隠れたという意味で使われている。Facebook は、社名を Meta に変更した。その意味は、quest、つまり追求のことだという。そのホームページには、

Innovation that will shape how we connect in the metaverse
（メタバースの中で、人々がともに手をつないで、生きてゆく仕方を設計する技術革新）

とか、

We believe in the future of connection in the metaverse
（メタバースという世界で人々が連携していく未来がくることを信じる）

などという謳い文句がでている。

インターネットの現状は、static（静的）で、そのことに縛られている。いろいろな意味での static files がインターネット上に散らばり、コピーされ、勝手に改造されていく。データ交換の標準的システムもない。むろん、３Ｄの世界に共通の format, convention は、まだ作られていない。現在の supercomputer の力をもってしても、本物のメタバースを作り出すところまでいたっていない。それには、headsets とか電極を張り巡らした密着下着とか、AI 以外の分野の進展が必要とされよう。ともかく、1950年代から1970年代の mainframes の時代から、1980年代から2000年代の PC（インターネットの始まり）の時代へ。そして、それ以降は、mobile and cloud の時代になる。そして、来るべき時代の担い手は、メタバースであると、という声も聞こえてくる。しかし、その将来は、バラの花が咲き乱れている園なのだろうか、天国に通じる道なのだろうか、それとも？

手を繋ぐとはどういうことか、原文では、connection となっているこの言葉の意味は、響きの良いわりには、複雑な意味をもっている。様々な思考実験を繰り返す必要もあろう。初期の段階は、たしかに便利で無難なものであろう。例えば、デパートへ出かけて、買い物をすることを考えてみよう。読者の avatar は、店内を歩き、陳列してある洋服の前に立ち止まる。生地を感触で確かめてみる。それが、そのまま読者自身の感触として伝わってくる。気に入った服があって、試着をする。ぴったりと合った感覚が、そのまま読者を買う決断に導く。そして、電子決済をして購入する。ここまでは問題はなさそうだ。

人工知能とはなにか　　*31*

それは、ある個人の孤立した体験だからだ。路上で、友人のavatarと出会って、握手をする。その感覚も伝わってくる。問題は、同じ感覚が、その友人にも伝えられるか、ということだ。connectionということが、そのことを指すとすれば、よくよく考える必要がありそうだ。会話をする、それはどう伝わるのだろうか。留守電にいれるのだろうか。稀ではあろうが、口論になる。相手のavatarを殴る。痛さが相手に伝わる。そうなるのだろうか。メタバースの中で人と人とを繋げるのは、至難の業だというよりは、明確に限界を設けるべきである。なんとならば、それを進めてゆけば、結局は、このphysical realityとvirtual realityが、全く同一になってしまうからだ。それは、言葉の上からも矛盾している。それよりも、その進捗の過程で様々な副産物を産んでいくことであろう。飽くことなく利益を求めて猪突猛進していくIT産業が性に関心を持たないはずはない。それは確実に儲かるからだ。懸念すべき副産物に、性産業がある。

Physical reality and Virtual reality

Augmented realityという言葉がある。コンピュータを利用するということは、すでにrealityをaugment（補足）するということであり、ある意味では真のrealityから遠ざかるということである。ひょっとしたら、少しずつメタバースに近づいていくということかもしれぬ。そのことを少し補足しておこう。

一時、OOP（object-oriented programming）ということがプログラミングの世界でやかましく言われたことがあった。それは、膨大になったプログラミングのdebugやmaintenanceをなんとか容易にしようとする工夫であった。全体を独立した（encapsulated）コードに分け、それと外部との接触（intersection）は、そのpropertiesとmethodsによって行わせるというもの

であった。Python では、object という言葉は通常、一つ一つのメモリ領域を指す。このメモリ領域は、string とか function といった type に分かれている。別に、object は、class の instance の意味で使われることもある。class は、コンピュータが physical world を自身の中に写し取るためのプログラミングコードである。しかし、そうする際に、幾つかの問題点が生じる。科学は、それぞれの分野独自の方法で、reality の一部を、その個別科学特有の概念に置き換えたりする。例えば、一般力学で放体を論じるときは、それを、質量を持つ質点と考える。つまり現実の小石は、質量と位置という４個の数字で置き換わったのである。コンピュータの世界は、もっと極端である。例えば、自動車を例にとろう。コンピュータは、Car という class を作る。その属性としては、製造年月日、Ford, Honda, Volkswagen などの製造会社名、Escape, Civic, Jetta といったモデル名、色、ドア数などが考えられるであろう。個人が買う自動車は、いわばそのインスタンスである。ここでは、経験論の主張とは逆に、まず Car という抽象概念があって、その特殊化として、現実の自動車が現れているということである。犬であれば、品種、身長、体重などが識別の対象となりえよう。インスタンスの属性として DNA などが考えられる。いくら属性の数を増やしても、人間が可愛がっている犬にはならない。売買等の目的から作られた人工の概念である。雑多な（unlabeled）data から、convolutional neural networks などで、犬と断定するのはバラバラな data から、一般概念に遡る抽象化に相当する。いずれにしても、コンピュータの中でくだされた決断は、reality とは若干はなれたところ、augmented reality でなされるのであって、bias（偏差）が常に付きまとう。互いに作用し合うコードの数は、人間の経験したことのない膨大な数に達する。そのとき、予期せぬ結果が生じることもあるようである。

同じプログラムが走ったり、走らなかったりする経験は、著者
ですら、しばしば経験する。妙な結果も出力する。つまり、つ
ねに目を光らせて、入力と出力を注意深くみまもり、最後の決
断は、人間がなす。その余地を必ず残し、reality と virtual
reality との間を、人間の感触が埋める努力をしていかなければ
ならない。といっても、残念ながら、その余地は次第に狭まっ
てきている。

　この書では、perceptron をやや詳しく論じてあるが、実用さ
れているものは遥かに複雑なものであろう。DecisionTree,
RandomForest など、その内容は、商業的利益のためにか、秘
密のようである。Chatbot なども公開性の必要が叫ばれながら、
それは届かぬ願望でしかない。かつては人間が行ってきたかず
かずの decision も、コンピュータの中の AI model が自動的に
するようになる。自動運転の自動車が、行き先までも自動的に
決めたり、配偶者がコンピュータ氏の忖度によって決まってし
まったり、そんなことが起こらないことを祈るばかりである。
もっとも、後の事例は"少子化問題"には、決定的に役に立つ
とは思う。

軍事産業との関連

　この章の最後に、軍事技術との関連について触れておこう。
そのことについてのある調査が、企業などが重要な製品と考え
ている上位10位を挙げている。artificial intelligence, advanced
defense equipment（最新式防衛設備）, robotics & autonomous
systems（ロボット技術と作戦の自動化）などである。最上位に
挙げられているのは、防衛設備ではなく、AI である。要する
に半導体より、AI のほうが軍事的優先順位をもつということ
である。半導体の下請け工場は、日本に作らせるが、肝心の
AI はしっかりと掌中に収めておく。まさに、アメリカ・ファ

34

ーストである。その半導体の設計にも AI、深層学習が深く関わっている。AI の深い知識がなければ、最先端の半導体も作れない。逆に、AI や ML 用に特化した半導体も、当然のことながら現れた。例えば、アップルの A14である。統計学科もない、どこかの大学に、孤立した半導体の学科をつくって、事足れりとしている国家もある。日本の将来に、肌寒さを感じる。

　AI が、人間の職を奪うというのは事実であろう。しかし、経済の視点でいえば、それは利益なのであって、その利益を公平に分配することを図らずに、一部の成金を作るだけに終わっていることが問題なのである。AI の収益を庶民に公平に分配するのは、政治家の最重要な役目である。もっとも、それは、あくまで、経済の立場である。

人工知能とはなにか　　*35*

論理学とコンピュータ

　あまり人気のない学問に、論理学という分野がある。物事を考える筋道を厳格につけて、推論に誤りがないようにするというのが、謳い文句であるが、すこぶる評判の悪い学問のようである。しかし、コンピュータの時代となり、人工知能やChatGPT が、世の中を騒がすようになった。それらは、この論理学の紛いもない直系の子孫なのである。この社会に影響力をもつテレビのキャスターや記者、政治家諸氏が、その一端を知っておくことは、半ば義務となった、と言ってよい。私は数学者である。そこで、ほんの論理学の基本的な事項だけであるが、プログラミングとの関連を含めて、解説を試みたいと思う。世の中に精密科学と呼ばれているものがあるが、それらが精密科学として、命脈を保っていくためには、妙に受け取られるかもしれないが、その基礎概念に曖昧なところがあることが必要であるということを指摘しておきたい。例えば、関数とか素粒子とかという言葉がある。これらは、そのコンテクストにおいて正確であるだけで、実際その内容がなんであるかは、不明瞭である。不明瞭な内容が、少しずつ分かってきて、それらの科学が進歩していくのである。関数概念については、そのことを、別著において述べたことがある（『神々と人間』）。さて、論理学であるが、この基礎概念は、命題である。これも問題児といえば問題児である。一応の定義をしよう。論理学の祖は、アリストテレス（384－322、BC）であるから、ここにアリストテレス自身の定義を記すことは、礼儀にかなったことであろう。

　　文とは、ある約束ごとによって、意味を持った音声である。

しかし、命題的なのはすべての文ではなくて、
そこに真、あるいは偽を語ることが存する文だけである。

　つまり、命題とは、真偽の定まった文である、ということだ。当然のことながら、命令文、疑問文、祈願文等は除かれる。また、真かつ偽である命題は存在しないと、排中律が明確に述べられている。

　ケメニー、スネル、トムプソン（Kemeny-Snell-Thompson）の『Introduction to Finite Mathematics』は、現代数学、特に AI 時代の数学入門としてすぐれた著作である。そこでの、命題の定義を、念のために書き加えておこう。
　そこには「命題とは、口頭で述べられるか、または紙の上に書かれた一つの主張のことである」と記されている。そして、続けて、命題の基本的な性質は、その命題が真であるか偽であるかのいずれかの値を取ることである、と補足されている。要するに、アリストテレスと、寸毫変わっていないのである。そして、内容そのものの真偽の判定は、全く問われていない。真偽が定まっているというところから、出発するのである。つまり、形式論理の対象となる文章は、日常生活とはほど遠いところにある。通常の文章は、vraie en partie, fausse en partie（Pensées, 325）である。常識は恒に中庸、中間をとる。中間は無限にあって、どれをとるかは、その人の全経験に関わってくる。
　昔から話題になった命題に

エピメニデスは嘘つきである、とエピメニデスが言った

というのがある。エピメニデスが、そう言ったのなら、この言ったという事実は真とすべきであろう。しかし、文章というも

論理学とコンピュータ　　*37*

のは、もっと深い内容を人に伝達するものである。完璧な嘘つきなら、嘘つきであるという言明も嘘であるとされよう。エピメニデスは嘘つきではないということになる。これはパラドックスだと、世間の話題になる。そんなことに関わっていたら、論理学にならない。真偽は、定まっているというところから出発して、命題の間に演算を定義し、合成命題を作り、その真偽性を問題にするのである。まさに、この大胆な抽象化、それが、アリストテレス以来の形式論理学の本質である。合成命題を作る基本的演算として、∧、∨、〜を導入し、その真理値を定める。それをさだめるのが、真理表である。ケメニーたちの教科書も、それを掲げ、詳しく論じている。

　ここでは、∧の場合だけを上げておこう。その真理表は、

A	B	A ∧ B
0	0	0
0	1	0
1	0	0
1	1	1

となる。これは、そのまま、後で述べる論理回路の perceptron をつくるときの dataset と target とになり得る。しかし、ここでは、perceptron の話は、後章に回して、もう少し、命題の話を続けよう。いくつかの命題を上の作用子、∧、∨、〜で結びつけたものを Truth Function（真理関数）と呼ぶ。それらの命題の取る真理値にたいして、関数のとる真理値が等しければ、関数自体も等しいとされる。例えば、次式の両辺は、等しい。

$$X^2 + BX + C = (X \wedge X) \vee (B \wedge X) \vee C = X \vee C = X + C$$

エピメニデスの話は、エピメニデスがクレタの人となって、伝わった。次の文章を考えてみよう。

クレタの人は嘘つきだ、とクレタの人が言った

（実は、エピメニデスはクレタ人なのである。）もう一度繰り返すが、クレタの人が、嘘をついたのならば、クレタの人は嘘つきではない、ということになり、正直に言ったのなら、クレタのひとは嘘つきではなくなる。矛盾しているのではないかというのである。もっとも、この文章はなんとなく胡散臭い。つまり、曖昧なのである。この文章をもっと正確に述べ直せば、

クレタの人、誰でも彼でもだが、その言ったことは、全部嘘だ、と、あるクレタの人が言った

ということになる。クレタの人や嘘は、全部なのか部分なのかを、明示する必要があるというわけである。その区別を、アリストテレスは、『分析論前書』の冒頭で論じている。何度もくどいようだが、クレタの人は、嘘をついたのだから、その陳述は否定されなければならない。否定すると、あるクレタの人の言ったある事柄は、嘘ではない、となって矛盾する。この点に関しては、詳しくはポアンカレ『晩年の思想』第四章などを参考にしていただきたい。

　論理学では、こんな脇道にそれている暇はないということで、命題自体の内容は、無視されるのである。つまり、命題の一番重要なところ、意味内容は、省くという、非常識なことの上に形式論理にいうものが、成立しているのである。そして、そのことが、応用上の成果に繋がっていく。奇妙と言えば、奇妙である。真理表は、シリコンチップに埋め込まれて、logic gates

論理学とコンピュータ　　*39*

となり、それが、数百万とあつまって、集積回路となって、人工知能、AIの世界が動いていく。

　全称記号と特称記号、述語論理に付いて説明をしておこう。述語論理の要点は、命題を主語と述語に分けるということである。xをクレタの人ということにすれば、クレタの人は嘘つきだ、という命題は、全称記号(x)をつかって、(x)L(x)と書ける。ただし、L(x)は、"x is a liar"という命題である。そして、あるクレタの人は嘘つきである、は特称記号を使って、(x)L(x)となる。これらの記号を用いて、上の文は、明確になる。こういうことを、体系的に述べるのが形式論理学である。

人工知能と哲学史

　人工知能は、ギリシア文明を淵源とする、極めてヨーロッパ的な技術文明であり、将来もこの特色は消えることはないであろう。それは、ヨーロッパの哲学史の背後につねにあったが、超高速コンピュータの出現によって檜舞台に現れた。人工知能時代の出現に、直接、間接に関わった哲学者を、やや独断的になるが、列挙してみよう。

　まずは、アリストテレスである。そして飛んで、ベーコン（Francis Bacon、1561－1626）ということになろう。彼は、暗号を含めて、情報の伝達ということを組織的に考えた、多分最初の人物のようだ。つづいては、René Descartes（1596－1650）ということになる。解析幾何学は、今日でもコンピュータの画像表示に不可欠である。また、人体を機械と考えた先駆者の一人でもある。続いて、計算機械ということであれば、Pascal（1623－1662），Leibniz（1646－1716）を挙げなければなるまい。Leibniz は、関数を考えた最初の学者であるとも言われている。実は、コンピュータの本質は、関数なのである。関数の級数展開ということが、その後の関数概念の発展のために重要な役割を果たした、という点では、Newton（1642－1727）や d'Alembert（1717－1783）も入れる必要もあろう。級数によって関数概念は拡大されていく。そうして、数学史が関数概念を中核にして展開されていく。このことを、前にも述べたが、著者は『神々と人間』の中に、書いておいた。関数というのは、m 次元の点に n 次元の点を対応させる手続きである。コンピュータは、この手続きを機械的に実行する。しかも、超高速、超人間的にする。長い間ゴミのように溜まってきた雑多なデータが、新時代の石油

であると言われるようになって、それがコンピュータに給油され、新しい技術文明が始まった。国葬の弔事が小学生の作文になって、庶民の文章はコンピュータの作成した文章にも劣るようになった。かつて、新聞の論説は、漢籍に典拠した言葉を散りばめた、ひきしまった文章で書かれていた。AI や Chatbots が、みょうちきりんな文章を書いている間はよいが、今や、それらは、人間に代わって、判断し行動するようになった。戦場での意思決定は、戦局を左右する。それを、AI が即断的に行う。すぐれた AI 技術が、戦力と直結するようになった。

　古来、人類の中には、戦争を好み、殺し合いを楽しむ人間が連綿として絶えない。庶民も頼りにはならぬ。どこかで戦が起こる。それを止めようと、誰か（マスク、キッシンジャー）が何かを言うと、（日本のマスコミでは）利敵行為だと叩かれる。ひょっとしたら、他国の戦争なら、日本の大衆にとっては、それは楽しいお芝居なのかもしれぬ。明日は我が身という言葉も、忘れられたようである。

　そのお芝居に、コンピュータが登場する。AI 駆動の兵器（AI-driven weapon）が戦場の主役となる。技術が発展し、兵器の殺傷能力が倍増する。人口衛星が、情報を伝える。それも、必須の武器となった。情報は、敵に傍受され解読されてはならないのは当然である。傍受されても、暗号とは思われなければ最上である。そして、暗号とわかっても解読不能であれば、暗号としての役割を果たせる。チューリングとエニグマの闘いに示されるように、暗号とその解読は、勝敗を左右する。体系的に暗号を考えたのは、Ｆ・ベーコンである。その著『学問の進歩』は、九巻に及ぶ浩瀚な書物であるが、その六巻に今日の情報理論の濫觴となることが書かれている。ベーコンは、art of Transmission と名付けている。その中に、まるで現代の digital world を予測するかのような、暗号の理論がある。当時のアル

42

ファベットは、JとUとがまだなかったから、24文字であった。その一つ一つに、小文字、a, b（これは、0と1に換えてもよい）を都合5個並べた順列を当てたのである。それら5文字の順列は、都合2^5、つまり32個あるから、それでアルファベットの24文字を十分に表せる。たとえば、最初のA, B, Cは、aaaaa, aaaab, aaaba となっている。例えば、飛ぶ（FLY）は、この伝で、aabab ababa babba とされている。今日ならば、aは0、bは1としたであろう。コンピュータは、一切を0と1とに変化させ（encoding）、それを再び reality（decoding）に戻す。その技術の先駆が、ベーコンなのである。そして、昔スキタレー（Scytale）で送られたというスパルタの書簡「All is lost. Mindaras is killed. The soldiers want food. We can neither get hence, nor stay longer here.」が、あるキケロのある文の中に隠されているとして、その文章を掲げているのだが、著者には皆目見当もつかなかった。多分、高い教養と該博な知識が要求されているのだろう。こうなると、暗号も一種の芸術となり無味乾燥ではなくなる。今日の暗号と違って、文化の香りの高いものである。ベーコンは、アリストテレスを批判はしたが、その業績には通暁していた。皮肉なことに、アリストテレスの命題論がベーコンの暗号理論と結びついて、integrated circuit ができる。

　現代のコンピュータは、周知のように、計算機ではない。ある人は情報機械と呼ぶ。もっとも、その淵源、例えば、ENIAC は、弾道の計算などをする高速な計算機であった。ENIAC は、Electric Numerical Integrator and Computer の略であるが、最初の Electric Computer である。その資金源は米国陸軍であった。今日のコンピュータ時代の始まりは、戦争遂行のための軍事技術、弾道計算であった。それも、人間の計算能力を超えることが必要であったのである。つまり、技術というものは、

人工知能と哲学史　　*43*

そもそものはじめから、人間を超えることが要求されていたのである。AIが人間を遥かに凌駕したとしても、異とするに足りないのだ。どんな機械も、ある意味では decision making をする。それが、機械での任務である。融通のきかないものである点が、人間と違っている。AIの場合も、それが極端になるという状況が現れただけである。それを、戦争が顕にした。

　パスカルは、退屈な計算を機械にやらせようと思って、加法と減法のできる小型の計算機を作った。僅か20歳のころである。その仕組は、例の『百科全書』のなかに仔細に書かれているそうである。パスカルとAI時代との関係はもう一つある。こちらの方が重要だろうと思う。それは、素朴な確率論である。統計学の始まりといったほうが良いかもしれぬ。AIの影には、統計学がある。これからは、AIには、ますます統計学が必要になってくると思う。確率論と統計学とは同一ではないことを、注意しておくことは必要があろう。論理的には自明な等式も、統計学では思いもかけない役割を果たす。たとえば、Bayes の定理であるが、これは他章の話題とする。パスカルに続いて、ライプニッツが掛け算もできる計算機、Leibniz Wheel を作る。そして、この機械が関数概念と結びついて、コンピュータの出現となる。しかし、ライプニッツは、「人間機械論」とその限界について、『単子論』の中に述べてもいる。考えたり感じたり表象をもったりする機械は作ることができるかもしれないが、表象も表象に依存するものも、機械的理由では説明がつくまい、と言っている。形と運動の模倣以外のことは、機械にはできないだろうという主張である。表象には意味があるが、それは直感でしか理解できない。同時に、コンピュータ時代の到来に、ライプニッツは重要な役割をもう一つ果たしている。二進記法である。ベーコンは、alphabet で書かれた文章を、0と1とで表現する方法を発明して、今日のコンピュータ時代の礎

石をおいた。それはまた、alphabet を用いている国家が digital era において優位に立つことに繋がっている。ライプニッツは、さらに、digital computer が、計算する土台を築く。それが、上に述べた、二進記法（Binary arithmetic）である。Binary arithmetic によって、digital computer が四則三法をこなせるようになる。その発想は、ベーコンとは関係はなく、中国の易から気づいたという。コンピュータの発展史としては、バベジ（Babadge）、チューリング（Turing）、エニアック（Eniac）の制作者たち、ノイマン（von Neumann、今日のコンピュータの大部分は、von Neumann 型である）などの人々を、また、AI 史というならば、マッカーシー、ミンスキーらも加えるべきであろうが、彼らは哲学者ではない。

関数とコンピュータ

　この章も、AI 思想史と言えばそうであるかもしれないが、関数という特別な項目に限った話をしようと思う。関数概念は、ライプニッツの論文の中に初めて現れたと書いたが、それを明解に述べたのは、著者の狭い知識では、オイラー（Leonhard. Euler, 1707 – 1766）ではないかと思われる。オイラーは、1707年に、スイスのバーゼル（Basel）にある聖 Jacob 寺院の牧師の家に生まれた。バーゼルはドイツにもフランスにも近い国境の都市である。1720年10月、バーゼル大学哲学科に入学。しかし、結局はヨハン・ベルヌーイ（Johann Bernoulli）のもとで、数学を学び、それを生涯の業とする。父も、数学が好きで、ヨハンとは親交があった。その縁もあったのであろう。

　関数の定義を、オイラーの著『無小解析入門』から拾ってみよう。原名では「Introductio in analysin infinitorum」という、この著が出版されたのは、1748年であるから、脂の乗った壮年期の作ということになる。その中でオイラーはこう書いている。

　変数とは、植物学で言えば属に例えられる。そこに、様々な個、つまり定数が含まれている。
　ある変数の関数というのは、その変数といくつかの定数による解析的表現のことである

関数自体も変数である。そして、例として、

$$a + 3z, \ az - z^2, \ az + b\sqrt{a^2 + z^2}, \ c^z$$

を挙げている。しかし、今日では、この定義は狭すぎると思われている。そこで、比較的新しい、有名な二著から、その定義を転写してみよう。

まずは、グルサー（Édouard Goursat）の『Cours d'Analyse Mathématique』から。これは、1902年に出版されている。日本では有名な、高木貞治『解析概論』も、このグルサーの著に負うところが大きい。

　　２つの変数（variable quantities）があって、その１つの変数の値が、他の変数の値に依存しているという関係にあるとき、それらは、お互いの変数の関数であるという。そして、その１つが、任意に変動するものとされるとき、それは独立変数と呼ばれる。

そして、他の変数が関数となるのであるが、変数の定義は、variable（変わり得る）という語が示唆している直感に委ねている。

次は、ウィテカーとワトソン（E.T.Whittaker, G.N.Watson）の『A Course of Modern Analysis』（1902年）の定義である。ここでは、級数の話が続いたあとで、あたかもその延長上に関数概念があるかのごとく、その後に関数の定義がなされている。

　　z と ζ とは複素数とする。ある値の集合があって、z にその値のどれかが与えられたならば、ζ の対応する値が決まる、というというふうに結びついているとき、ζ は z の関数であるという。

そして、例として、z が実数ならば１、そうでなければ０という関数が例として挙げられている。要するに、いずれの定義

関数とコンピュータ　　*47*

もすこぶる曖昧である。両著ともに古いと言えば古いが、最近の微積分の定義でも同じようなものである。実は、数学にしても他の精密科学にしても、その基本的概念は曖昧なのである。歴史はその曖昧さをどう捉えるかという形で展開されていく。変数がわからないとか、関数とは何なのだとか、気持ちが悪く感じる人があれば、その人は、それらの概念をある意味では、正確に捉えているのである。

コンピュータは、input、それは、例えば、NumPy（numerical python）の arrays であるとしてもよいが、それを同様な0と1との塊の output に移す関数であり、ハードの面から見れば、それを電磁気的に行う機械である。そういう立場から、関数概念を考えると、歴史的に違った側面がみえてくる。腫瘍が悪性（malignant）か良性（benign）かを判定するプログラムを考えてみる。診断のための検査の結果、それをFと記すと、Fはいくつかの項目の集合である。権威のある病院ないし医師が、その実体験を症例として、プログラムのデータセットの形で提供する。その診断の結果は、0と1とによって表示されている。これを人工知能のプログラムでは target と呼ぶ。だから、このデータセットは、色々な検査結果Fの値に、0か1かを対応させる関数と考えることができる。人工知能は、この対応関係から、一般的な rule を見つけようとする。つまり、入力範囲を任意値に拡大する手続きを見出すということである。この意味では、コンピュータの求めているものは、はオイラーの定義した関数に近い。若い医師は、ガンの検診に来た患者の検査結果Fを入力して、コンピュータが0をだすか1をだすか、それによって良性か悪性かを診断するであろう。その結果が、どの程度確実なのかは、最初のデータセットと、使った不遜にも人工知能とよばれるプログラミングの、良否によるのである。人工知能は、優秀な人材の技量に完全に依存している。

哲学的補足

　F・ベーコンについては、ここで、さらに敷衍しておく価値があろうと思う。彼は、『新オルガノン』のなかで、４つのイドラが人間の正しい思考を妨げているとして、その第３に「市場のイドラ」を上げている。言葉は知性に無理を強い、すべてを混乱させるとして、おそらくは、「人工知能と哲学史」で触れたように、記号論的なものを考えようとしたのであろう。言葉の意味内容をその使用者が、恣意的に定めて論争が行われる。議論は平行線を辿らざるを得ない。

　感覚的経験に基づいて事実を多数集積させること、それから偶然的ないし無関係な事実を排除すること、そして、集積された事実にはじかに現れていない「形相」を発見することが、帰納法であり、それが彼の科学方法論であった。彼が、自然言語による情報伝達の不正確さに、苛立っていたのは確かのようだ。それが、通信の理論になったのだろう。ベーコンの帰納法を、プログラミングの言葉で言い換えると、事実は、data そのものであり、それを cleansing（浄化）し、それを training し、その過程からルールを発見する。それが、neural network の仕事だ。ここで、人間の行為との大きな違いが現れる。経験の意味が激変したのである。このことは、この章の最後に述べる。

　ベーコンでも、議論の出発点は、質料因、つまり経験された事実である。その後の経験論（empiricism）もこれを受け継いで、知識は、ことごとく感官を通じて得られた経験に基づくとする。そして、それらを統合して組織化し、この世界が現前するという事実そのものも経験によって説明しようと欲する。ここで、我々はカント哲学の解説をしたり、経験論批判を展開し

哲学的補足　*49*

たりするつもりはない。ともかく、その経験は、記憶され、思い出されて（backpropagation）、ときには無意識（unconsciousness）に隠れて現在に作用する。しかし、彼らの経験は、個々人に局限されたものであった。その意味では、経験論も観念論も立場としての差異はない。様々なセンサー、ディジタルカメラ等の器具が考案され、それらが情報を集めるようになると、経験は間接的となり、その範囲も拡大し、記憶も個人を離れて、巨大な装置に貯蔵され、system 化され、迅速に検索ができるようになった。世界の全域に情報を収集する電子網が張り巡らされる時代になれば、この地表自体が知覚する個体となり、経験はビッグデータとしてどこかに貯蔵、記憶される。電子網は自発的なものから、Twitters、Facebook、YouTube そして e-mailやその他の通信手段が集めたものまで、おびただしい量になり、それを貯蔵するセンターは、大都市の何分かの１の電気を消費するという。不特定の人物が、それぞれの意図において、それを利用する。大規模なデータセットの保存と分析に特化したオープンソースのフレームワークである Hadoop、NoSQL も一般に広がり、ビッグデータが一般に浸透してきた。Internet of Things（IoT）がそれを加速することは、確実である。それを陰で支えていくのは、ML であろう。機械学習というのは、特定の目的をもって、ビッグデータからデータを抽出し、そこから、その底に働くルールを発見し、それをもとに予測をする人工知能のことだからだ。

　IT 弱小国と言われて、発奮もせず、やる気も起こさず、ただただ落ちぶれていく祖国のさまを見ている他はないのは、残念という以上のものである。この書も紙くず以外の何物にもなるまい。それを承知していながら、書かざるを得なかったことを、付記しておく。

　宇宙的広い拡がりを持った意識が、我々個々の狭い拡がりの

意識を包み込んでいるという、フェシナ―の Earth-soul のような思弁は、それが実体的ではなく、機能的な観点から理解されるかぎり、哲学的にはきわめて適切な見方であるということになるであろう。

統計学（Bayesの定理の周辺）

　統計学は確率に関する学問である。この基本概念も曖昧なのである。コルモゴロフ（A.N.Kolmogorov, 1903－87）のように確率を面積（測度）で定義しては、理論はきれいであるが、あまり実用的ではない。通常、Bayes の定理は、確率を面積比とする立場から証明されている。すると、ほとんど自明な定理になり、組合せ論と変わりがなくなってしまう。Bayes の定理は、確率を曖昧なままにし、その存在を仮定しながら、推論を進めていく、いささか科学的根拠を欠いたところに存在意義をもつ。この辺の事情をやや詳しく述べて、数学と統計学ではすこぶる相違があること、なども説明したい。

確率

　同程度に起こると思われている実験をＮ回行って、そのうちｎ回、事象Ａが現れたとき、事象Ａの確率は n/N であるという、とまあ、こう確率を定義しておこう。便利な概念であるが、そんなものはあるか、とかもっと正確に定義せよ、などと言われると、困惑するが、ある意味では科学にとって不可欠な概念である。世に確率論学者なるものはいることはいる。その多数は、コルモゴロフの信者である。実用的な統計学は、その教団には属していない。

条件付き確率

　ある地方に半導体の工場が、Ｆ, Ｇと２つできた。同じ半導体を、その70％がＦ工場で生産し、残りの30％をＧ工場で生産する。平均にして、Ｆで生産されたもの100のうち規格Ｓ内の

52

ものは、95個であり、Gでは90個であった。確率で言えば、F
工場の規格S内の確率、それをP(S|F)と記す、は0.95、G工場
のそれは、同じ記法をもちいて、P(S|G) = 0.9 である。P(S|F),
P(S|G)は、それぞれ、工場F, Gで生産されたという条件のもと
での、規格内にある確率であるから、条件付き確率と呼ばれる。
どちらかで生産されたかわからないが、ここに1000個の半導体
がある。では、そのうち何個が規格内であるか、その確率を求
めよ。これは、確率論の書物の常套的な問題である。規格内で
あるものの数の推定を、 s とすると、その確率P(S) は、
s /1000である。それは、次の式から求まる。

$$P(S) = P(F)P(S|F) + P(G)P(S|G)$$

ここで、P(F) = 0.7, P(G) = 0.3である。

ベイズ（Bayes）の定理

上の式と同様、

$$P(S|F) = P(S)P(F|S)/P(F)$$

も成り立つ。これは、「Bayes の定理」と呼ばれているもので
ある。この定理をコルモゴロフ的に明確にしてしまうと、役に
立たなくなる。曖昧模糊としたなかから砂金をすくい取ること
が必要である。要するに、確率分布が動いていくのである。

　ゴルフに行こうか迷っている御仁から出発しよう。 下図は、
天気模様(outlook)との関係を示した図である。このような図は、
インターネット上によく出てくる。雨が降ったら(rainy)行かぬ、
No、曇(overcast)なら出かけよう、Yes、天気(sunny)なら無論、

統計学（Bayes の定理の周辺）　*53*

というところか。原則はそうだが、色々と都合もあって、天気でも、5回のうち2回は行っていないし、5回雨が降った日があったが、2回も出かけている。4回の曇は、全部ゴルフ通いである。それをまとめると、下の表のようになる。

	OUTLOOK	TEMPERATURE	HUMIDITY	WINDY	PLAY GOLF
0	Rainy	Hot	High	False	No
1	Rainy	Hot	High	True	No
2	Overcast	Hot	High	False	Yes
3	Sunny	Mild	High	False	Yes
4	Sunny	Cool	Normal	False	Yes
5	Sunny	Cool	Normal	True	No
6	Overcast	Cool	Normal	True	Yes
7	Rainy	Mild	High	False	No
8	Rainy	Cool	Normal	False	Yes
9	Sunny	Mild	Normal	False	Yes
10	Rainy	Mild	Normal	True	Yes
11	Overcast	Mild	High	True	Yes
12	Overcast	Hot	Normal	False	Yes
13	Sunny	Mild	High	True	No

これに、Bayes の定理を応用すると、

$$P(\text{Yes}|\text{Rainy}) = P(\text{Rainy}|\text{Yes}) \times P(\text{Yes})/P(\text{Rainy})$$

となる。右辺を計算してみると、$P(\text{Yes}) = 10/14$, $P(\text{Rainy}|\text{Yes})$

＝3/10, P（Rainy）＝5/14 となっているから、右辺は、3/10×10/14/（5/14）＝3/5 となる。それは、Bayes の定理を使うまでもなく、直接にわかることであった。事実、雨の降ったのは、5日で、そのうち3日、ゴルフに出かけている。Bayes の定理が数学的には自明であるという主張を支持しているだけで、なにをやっているのか、さっぱりということである。この場合は、事後確率が表の中にあるのに、わざわざ計算をし、それも近似的に答えを出している。こういう tutorials がインターネット上に多数ある。インターネットの世界の一面は、真に質の悪いところがある。もっとも、著名な教科書にも、どうかと思われるところがある。ケメニー、スネル、トンプソンの『新しい数学』のなかに、黒白の玉の入った2つの壺から玉を取り出す問題が載っている。

　最初の壺には、黒が2個、白が1個、次の壺には黒が1個、白が2個入っているとする。取り出した玉が黒であった。最初の壺が3／4の確率で選ばれるとして、その黒玉が最初の壺のものである確率はなにか。

というのである。それが、Bayes の定理を使って解かれている。しかしこれは明らかに数え上げの問題なのだ。最初の壺の複製を2個作って、都合3個とする。そしてその横に次の壺を置く。玉は壺から取り出して、黒、白の順で並べる。そうすると、最初の壺は3個あるから、6個の黒玉が並ぶことになる。次の壺の黒1個を加えて、黒玉は合計7個ある。そのうち6個が複製を含めた最初の壺のものだから、黒玉が取り出されたという仮説のもとに、それが最初の壺から出たものである確率は、明らかに6/7である。

　では、なぜ Bayes の定理が、統計上有用なのか、それは認識

統計学（Bayes の定理の周辺）　　55

論的に興味のある話題であるが、透明な回答は見当たらない。その使い方は、すこぶる数学的には不透明である。そもそも数学ではないのだ。個別の問題に対する知識ないし勘が必要とされる。

　咳、息切れ、高熱の患者を、COVID-19かインフルエンザか、どちらかという診断をしなければならない診察室では、初診の医師の苦労も大変なものであろう。それにco-infection（重複感染）ということも、５〜10％ほどあるという報告もある。一般的に、複数の病気のうちどれかという診断で、そのうちのただ一つであるということは稀であろう。概ねということは、已むを得ない。確率も蓋然度が高くなり、確率自体は低くなる。そもそも、確率なるものがあるかどうか、それ自体も疑問なのである。

　グネジェンコ、ヒンチンの『確率論入門』も名著として世界的の名声を博しているものだが、そのなかに次のような問題が載っている。

　　医師がある患者を診察した。その結果、A、B、Cのいずれかに感染していることがわかった。その確率は、P=1/2、Q＝1/6、R＝1/3であるという。（P＋Q＋R＝1であることに注意せられよ。）
　　そこで、更に検査が行われた。検査結果は陽性か陰性かという形で医師に伝えられた。陽性反応は、Aの場合0.1％の確率で起こり、Bの場合は0.2％、Cの場合は0.9％の割合で起こることがしられている。検査はその患者にたいして５回行われ、結果は陽性が４回、陰性が１回であった。この結果をもとにして、患者が、A、B、Cに感染している確率を計算をせよ。

56

というのである。まず、その書物に書かれている解答を記し、それを批判的に考察してみよう。

　最初の確率は、初診の医師のやや直感によったものだろう。それが完全である必要はない。次の確率 p, q, r は、5回の監査結果から場合の数を数えて数学的に計算したものである。例えば、

$$r = \binom{5}{4}(0.9)^4(0.1) = 0.328$$

である。したがって、Rr = 0.10933。これを Pp + Qq + Rr = 0.10999で割って、0.988。検査結果は、Cの可能性が高いということになる。Bayes の定理の利点は、それはそのまま欠点でもあるのだが、曖昧な過程から科学的な結論めいたものを出せるということである。上の数字も、初診の確率に完全に依存している。

　しかし、乱数で定義した weights から一定の結論を出す。もしそれが、ただ一つの確定した結論に至る場合があるとすれば、それは科学的結論ということもできよう。しかし、こういった数学的理論はほとんどないようである。Neural network の収束問題（解の一意姓も含めて）、model の選択に依存することはないか等々、ひょっとしたら、それは、数学者の義務であるかもしれない。

統計学（Bayes の定理の周辺）　　*57*

パイソン復習

　まずは、Python を download しよう。Python は、来年度からは、共通一次の試験科目にも登場するようである。言わば、日本国家公認のプログラミング言語である。著者は、この『人工知能と政治の知能』を書くために、読者の便を図って、『高校教師のためのパイソン入門』を書いておいた。詳細はその書に任せて、大雑把にパイソンを紹介しておこう。

　まず、python.org のホームページを開いて、download ボタンをクリックすると、開いた画面に

Download the latest version for Windows

というのが現れるから、これをさらにクリックすると自動的にあなたのコンピュータに python の最新版が入るはずである。メモ帳を開いて（以下の def fb(n)：以降のコードをそのまま）

コード1（フィボナッチ数）

```
def fib(n):
  a, b = 0, 1
  while a < n:
    print(a, end=' ')
    a, b = b, a+b
print(fib(1000))
```

と打ち込む。これは、Python のホームページにある、おなじみのコードである。関数 fib(n) を定義して、n までのフィボナ

ッチ数を印字させるコードである。このプログラムの説明も上記拙著にある。Python では、indent（字下げ）ということを、注意を持って守らなければならない。これが、python の一つの特徴である。上の例では、４文字ずつ、二度ずらされて、その部分が一つの塊になっている。あるルールに従って、それぞれが、個々、その役割を担っているのである。（注：もっとも上の例では、その通りの字下げになっていない。しかし、コードをそのままコピーしメモ帳にペーストすれば、４文字の字下げが復元し実行可能なコードとなる。これは、やや意外な事実であるが、本書のすべてのコードに当てはまる。）

　フィボバッチ数の最初の８項は、

　1 1 2 3 5 8 13 21

であるが、映画「ダ・ヴィンチ・コード」では、これが順序を変えて、暗号のように、

　13−3−2−21−1−1−8−5

と、ルーブル美術館の床に書かれてあった。これから、その数字の間にあるルールを探す、これも AI の問題になろう。

　メモ帳の「ファイル」をクリックして、現れたメニューから、「名前を付けて保存」を選択する。開いた画面から、local C、ユーザー、（Windows11なら）titio と辿り、そこに、例えば、test.py という名で、保存する。コマンドプロンプトを立ち上げて、現れた

　C:\Users\titio>

パイソン復習　　59

のあとに、python と打ち、>>> のあとに import test と打つと、1000 までの Fibonacci 数が output される。これが、上で定義した fib() という関数の役目であった。

乱数

　乱数について、一言。import random というやり方もあるが、まずは、import numpy as np と、NumPy を import しよう。NumPy は、numeric python の略で、高速な数学の関数を提供するなど、便利な Python の library である。特に、その array は、一纏めにデータを処理（manipulation）する便利な道具である。同じ乱数を打つたびに、同じ値を出したかったら、random.seed(x) として、seed を固定する。x を変えれば、違った乱数になるが、x が同一である限り、毎回同じ乱数を出す。乱数を使うときは、numpy を import し、

```
import numpy as np
x = np.random.rand()
```

などとする。もっとも、最初に

```
rng = np.random.default_rng()
```

とおいて、rng.random() というふうに乱数を生成する方が推奨されているようだ。同じ乱数にしたいときは、default_rng(seed = 123) などとする。

array

　前にも言ったが、NumPy の存在理由は、その強力な array にある。これは、ベクター、行列、テンソルに相当するもので

ある。例えば、

array([[0,0],[0,1],[1,0],[1,1]])

と打ってみよう。これは、array 内側の 4 つの行（[0,0]等）を
もつ 2 × 4 行列のことである。2 つのベクトル x, y の内積は、
dot という記号をつかって、dot(x, y) で表される。これは、入
力と weights（重さ）の積という形で、これからしばしば現れ
るであろう。

描画（matplotlib と seaborn）

　本書で用いる描画は、matplotlib と seaborn による。dataset
の描画には、seaborn を利用するのが普通であるが、一応、
matplotlib の説明をする。これは、python の visual library で
ある。つまり、キャンバスを提供し、そこに点を打ち、曲線を
描くなどをする道具の集まりである。

コード 2 （sine curve）

```
import matplotlib.pyplot as plt
import numpy as np
```

matplotlib.pyplot と numpy とを import し、さらに x = np.linspace
(-3, 3, 1000) と加えて、x- 軸の区間 [-3,3] 上に、1000個の点を
等間隔に打つ。そして、

```
plt.plot(x,np.sin(x))
plt.show()
```

とすれば、簡単に sine 曲線が描ける。data を visualize する際には、matplotlib のみでは、手間がかかりすぎる。そこで、seaborn の登場ということになる。もっとも、matplotlib と seaborn がどのように関わっているのかは、分からない。ともかく、seaborn の scatterplot を使って、データを visualize してみよう。

コード3（scatterplot）

```
import seaborn as sns
iris = sns.load_dataset('iris')
sns.scatterplot(data = iris, palette = ["yellow","green",
"tan","magenta"])
```

seaborn と iris の dataset を import して、それに scatterplot で絵を描いた、というだけのことだが、こんなことにも、昔は苦労をした。

論理ゲート

　論理式を、真偽の面だけからみれば、それは0と1のみからなる座標をもつ n-次元空間から、集合 {0,1} への写像である。勿論、それをどんな論理式で表すか、最も簡略化されたものは、そのうちのどれか、など、いろいろな問題提起はなされるであろう。Logic gate はそのなかの最も簡単なものである。and 関数を取り上げよう。それを、記号で AND（序文等では、∧とした）と記そう。そうすれば、

```
AND(0, 1) = 0
AND(1, 1) = 1
AND(0, 0) = 0
AND(1, 0) = 0
```

ということになろう。計算することはなにもない。ただの真理表である。論理学は、基本命題と基本演算から出発する。基本演算というのは、上の AND もその一つだが、真理表で表示される幾つかの演算で、それは一種の公理で結び付けられるだけであって、その内容に立ち入るべきものではない、それが建前である。否定という演算を除けば、それは、空間 S = [0,1] × [0,1] から、{0,1} への写像である。S を二次元ユークリッド空間に埋め込んでおこう。値が0のときは赤、1のときは青とすると、この関数は赤と青に着色されたユークリッド空間の4点で表現することができる。一般に論理式というのは、n 次元ユークリッド空間のなかの0と1のみからなる座標を持つ点、それは2n 個あるが、から集合 {0,1} への写像であり、その点を赤、

論理ゲート　*63*

青に塗っても、それだけのことで、論理学はそれ以上のことを考えないのであるが、コンピュータ科学では、赤、青の点を直線で分離しようとする。これは、neural network の classification の問題である。最も、一般的には高次元で考えるから、直線は超平面に置き換わる。それは、結構ややこしい AI の問題になる。それが情報通信の雑音の除去に役立つというから不思議である。

　上に述べた AND gate の問題に戻ろう。その計算を、わざわざコンピュータにさせるプログラムが、インターネット上に載っている。それ自体は意味もないことであるが、neural network というものがどういうものか、理解する手立てとしてはわかりやすいと思うので、紹介しておく。

コード4（AND gate）

```python
import numpy as np
def Step(v):
  if v >= 0:
    return 1
  else:
    return 0
def percep(x, w, b):
  v = np.dot(w, x) + b
  y = Step(v)
  return y
def AND_Function(x):
  w = np.array([1, 1])
  b = -1.5
  return percep(x, w, b)
test1 = np.array([0, 1])
```

```
test2 = np.array([1, 1])
test3 = np.array([0, 0])
test4 = np.array([1, 0])
print("AND({}, {}) = {}".format(0, 1, AND_Function(test1)))
print("AND({}, {}) = {}".format(1, 1, AND_Function(test2)))
print("AND({}, {}) = {}".format(0, 0, AND_Function(test3)))
print("AND({}, {}) = {}".format(1, 0, AND_Function(test4)))
```

　上のコードを選択して、メモ帳にコピーする。そして、コマンドプロンプトから実行する。結果は

```
AND(0, 1) = 0
AND(1, 1) = 1
AND(0, 0) = 0
AND(1, 0) = 0
```

となって、たしかに上の真理表が現れる。プログラムの詳しい内容は、あとで解説するにしても、これは、コンピュータにただ計算をさせているお粗末なコードである。x はコードの中で test1,test2,test3,test4 と書かれた 4 点を表している。そして、w ＝ ［1,1］ となっているのだから、x ＝ (x1,x2) とおくと、np.dot(x,w) ＝ x1 ＋ x2 である。それに b を加えたもの

$$x1 + x2 - 1.5 \leqq 0$$

によって AND 関数の値を 0 か 1 に判定しているだけのもので、どうして w ＝［1,1］なのか、どうして b ＝ −1.5 なのかは、コンピュータは理解していない。だからこれは、人工知能とは言えない。2 次方程式の根を計算するプログラムのようなもので、人間が指示した通りのことをしているだけである。人工知能は、

論理ゲート　　65

ｗとｂとの値を自分で指示できるものでなければならない。ただ、ここでコンピュータは妙なことをするのである。上のプログラムの下に、次の４行を加えてみよう。

```
test5 = (np.array([0.5,0.2]))
test6 = (np.array([0.7,0.8]))
print("AND({}, {}) = {}".format(0.5, 0.2, AND_Function(test5)))
print("AND({}, {}) = {}".format(0.7, 0.8, AND_Function(test6)))
```

その結果は、上の結果に次の行が加わることになる。

```
AND(0.5, 0.2) = 0
AND(0.7, 0.8) = 1
```

こんな計算は、論理学者の予期せぬことであって、彼らは、一言ナンセンスというであろう。しかし、それは確かに予期せぬ実用価値をもっていた。

XOR and XNOR

ところが、この binary classification のプログラムがうまくいかない場合がある。Exclusive-OR gate、つまり排他的 OR の場合である。この場合は、直線で分離するのは不可能なのだ。そのことは、簡単な数学でわかる。

この場合は、原点と点 [1,1] が青で、他の２点は赤となる。

直線　$ux + wy + b = 0$

で分離されたとすると、青点では＞０、赤点では＜０とならなければならない。原点では＞０ということからｂ＞０となるが、赤点の座標をいれれば、

66

u＋b＜0　w＋b＜0　したがって　u＋w＋b＋b＜0

しかし、［1,1］は青だから、u＋v＋b＞0、さらに正である
bを加えたら、負になるはずはない。ということで、矛盾が生
じるというわけである。一つ次元を上げてみよう。つまり、三
変数の関数にする。XNORの真理表は、XORのそれをそのま
ま拡張したもので、

X1	X2	X3	Y
0	0	0	1
0	0	1	0
0	1	0	0
0	1	1	0
1	0	0	0
1	0	1	0
1	1	0	0
1	1	1	1

である。この場合も、超平面で限るのは不可能である。つまら
ぬ話をするものかは、と思われるかもしれないが、これが、
色々な応用をもつという。遠距離情報伝達（例えば、冥王星から
の）の誤差を修正して、確実度（robust）を増すことに役立つ
という。詳しいことは知らないから、これ以上の話はできない
が、コードについては、後の論理ゲート詳論で紹介する。

Built-in data

いろいろな web sites に datasets の例が載っている。ここでは、seaborn の datasets、scikit-learn、make_classifications のデータを紹介しておこう。同じ名前の datasets でも、収納の仕方によって性質が違っている。そんなことに注意しながら、話を進めていく。

Seaborn の built-in datasets

まずは、seaborn という Python の library に収まっている dataset をとりあげよう。そこには、datasets が、toy model として、幾つかあげられている。どんな（toy）datasets があるか、プログラムで調べてみよう。

```
import seaborn as sns
print(sns.get_dataset_names())
```

と打つと、

'anagrams', 'anscombe', 'attention', 'brain_networks', 'car_crashes', 'diamonds', 'dots', 'dowjones', 'exercise', 'flights', 'fmri', 'geyser', 'glue', 'healthexp', 'iris', 'mpg', 'penguins', 'planets', 'seaice', 'taxis', 'tips', 'titanic'

など、seaborn の中の buit-in datasets の名前がでてくる。

この iris という dataset は、また scikit-learn にもある。でも、datasets としては、同じなのだが、format のしかたが違うよう

だ。そういうことは、データベースを扱う際には、よくでてくる、注意すべき事項だ。おいおい説明していくこととする。iris は人気の dataset のようだから、ここでも、それを取り上げる。

　iris を始めとして、花も結構複雑な構造をもっているが、まず目につくのは、鮮やかな色をした花びらである。英語では、petal という。その下にある緑色をした葉のようなものは、sepal である。それぞれ、長さ（length）と幅（width）を、当然ながら、もっている。その観測値は、長い数列、数の list になる。そして、petal の長さ、という主語の下に、その list がつけられる。petal の幅、sedal の長さ、幅についても同様である。そして、これが iris の dataset である。

```
import seaborn as sns
import pandas as pd
iris = sns.load_dataset('iris')
print(iris.head())
```

　以下のように、iris の５行５列の dataset が印字される。これは、iris を３種類に分類するデータである。head() は初めの５行をとれという指示である。

	sepal_length	sepal_width	petal_length	petal_width	species
0	5.1	3.5	1.4	0.2	setosa
1	4.9	3.0	1.4	0.2	setosa
2	4.7	3.2	1.3	0.2	setosa
3	4.6	3.1	1.5	0.2	setosa
4	5.0	3.6	1.4	0.2	setosa

Sklearn の built-in datasets

```
import sklearn as sk
from sklearn import datasets
for data in dir(datasets) :
  if data.startswith("load"):
    print(data)
```

これを実行すると、次の名前が列挙される。

load_breast_cancer、load_diabetes、load_digits、load_files、
load_iris、load_linnerud、load_sample_image、load_
svmlight_file、load_svmlight_files、load_wine

ここでも、iris という dataset を取り上げよう。

```
from sklearn.datasets import load_iris
import pandas as pd
iris= load_iris()
df = pd.DataFrame(iris.data)
newdf = pd.DataFrame(iris.data)
print(newdf.head())
```

である。しかし、seaborn の場合と違って、出力結果は、無惨
なものである。

	0	1	2	3
0	5.1	3.5	1.4	0.2
1	4.9	3.0	1.4	0.2
2	4.7	3.2	1.3	0.2
3	4.6	3.1	1.5	0.2
4	5.0	3.6	1.4	0.2

味も素っ気もない。

このように、同じ iris dataset（150行 × 4列）でも、seaborn と sklearn では違う。seaborn の iris は、pandas の DataFrame であるが、sklearn ではそうではない。次のコードを見てみよう。

コード5

```
from sklearn import datasets
import pandas as pd
iris = datasets.load_iris()
df = pd.DataFrame(iris.data)
print(df)
print("\n -----------")
from sklearn.datasets import load_iris
X, y = load_iris(return_X_y=True)
newdf = pd.DataFrame(X)
print(newdf)
```

df と newdf は同じ結果を出力する。sklearn では、df = pd.DataFrame(iris.data)によって、DataFrame に直すか、コードの後半部分のようにするか、perceptron にかけるためには、ひと手間が必要になる。この dataset を綺麗な表にするために

Built-in data　*71*

は、結構な手続きが必要となる。target は、０，１，２と数字で
現れるから、ここでは、それを花の名前に変えてある。

コード6

```
import pandas as pd
import matplotlib.pyplot as plt
from sklearn import datasets
import seaborn as sns
iris = datasets.load_iris()
df = pd.DataFrame(data = iris.data,columns
=iris["feature_names"])
print(df.head())
df["species"] = iris.target
for i in range(len(df)):
    if df["species"][i] == 0:
        df["species"][i] = "setosa"
    elif  df["species"][i] == 1:
        df["species"][i] = "versicolor"
    else:
        df["species"][i] = "verginica"
print("this is new DataFrame: ","\n .....","\n",df)
sns.scatterplot(data = df, palette = ["yellow","green",
"tan","magenta"])
plt.show()
```

　最後の部分だが、scatterplot の引数 data には、"iris"を直接
入れることはできない。iris は、DataFrame でないからである。
一般に、dataset のときは、matplotllib のみで図形を描くより
は、seaborn を利用するほうが上策である。

72

ただ、これらの datasets になにか、decision（決定）をしよ
うとすると、pandas の助けを借り、sklearn の DecisionTree
Classifiers, RandomForest Classifiers などを利用しなければな
らない。

Built-in data　　*73*

乳がんとPerceptron

　ガンも、もちろん複雑な機構をもっている。その腫瘍が、良性（benign）か悪性（malignant）か、binary classification（二項分類）が行われる。前章では、iris の種わけをめぐって、DataFrame などの言葉の説明をした。ここでは、別な応用例として乳がんの診断を、機械学習にやらせるプログラミングについて解説をしよう。これは、toy dataset とはされているが、それは症例が少ないせいで、実用にもされていると聞く。

　学習とは、習ったことを、各自が使ってみて、その経験から、改良するということを、積み重ねていくことであろう。機械学習も、コンピュータに同じことをやらせる。人間は、過去の経験を、柔軟に、様々な状況に応用する。現在の機械学習は、人間ほど器用ではない。しかし、与えられたアルゴリズムから始めて、自身で改良し、プログラムを重ねて、その基底にある法則を発見するという点では、たしかに学習と呼べるであろう。どのようにして、それが行われるのであるか、それは、もちろん児童の学習とは異なる。それを、がん診断(乳がん)を例にとって説明をしよう。資料は、University of Wisconsin Hospitalsからとった。ワシントンポスト誌は、近時米国において若い女性の乳がんが増加傾向にあることを憂いている。これまで、40才以下では稀であるとされてきたのが、若年層でも乳がん患者がふえていたというのである。34才の女性が妙な形の小さい塊を乳房に発見するが、歳が若かったためか、医師はがんであるとの診断を避けた。女性はさらに検査することを要求した結果、がんであることがわかったという。また、24才の女性は、ゴルフボールのような塊を見つけたが、最初はがんと診断されず、

それが結局は stage II のがんであることがわかった。この stage というのは、がんの進行状態を表す指標である。次に、英文ではあるが、stage の分類法を記す。

Stage I:　　The cancer is localized to a small area and hasn't spread to lymph nodes or other tissues.

Stage II:　　The cancer has grown, but it hasn't spread.

Stage III:　The cancer has grown larger and has possibly spread to lymph nodes or other tissues.

Stage IV:　The cancer has spread to other organs or areas of your body. This stage is also referred to as metastatic or advanced cancer.

どうして、乳がんが若年層に広がったのか、初潮と閉経の間の期間が長くなったことが関係しているのではないかという人もいる。そうなると estrogen が関係しているのではないか、と書いている。ホルモンの量、遺伝子、さらに人種（白人よりも黒人が多い）もがんの発症率に与っている可能性があるという。がんであるかどうかを判定する際にも、そういった因子を考慮する必要があろう。ともかく、診断には、どの因子を抽出して、それらを総合的に分析して、結論をだすというということが必要であろう。診断の現場から言えば、当然、最も関連性の高い因子を、それも容易に測定できるものを取って診断したいところであろう。AI よりも、この部分のほうが、重要であろう。現在のところは、一歩進んだという程度のようだ。ともかく、sklearn の dataset を参考にして、がんの AI 診断とは、どういうものか説明をしていこう。

breast tumor（乳がんの腫瘍）は、患部におけるしこりの発見から始まる。それが、tumor であるときの診断、良性（benign）か悪性（malignant）の種別がテーマである。良性の場合は、腫

乳がんと Perceptron　　75

瘍は、保護膜に覆われており、隣接の組織を浸潤することはなく、成長も緩慢である。がんになることはない。悪性のときが、がんであり、これは連接組織を浸潤し、他の箇所にも転移するとされている。

　病変部位に aspirator を刺し、吸い取った細胞をコンピュータ画像にして、その細胞核の特徴（attributes、プログラムの中では features と呼ばれることもある）、大きさ（size）、形状、質感（texture）を、10項目、計器によって測定したものが、data である。もちろん、その際、どのような attributes（属性）を取るかによって、診断の結果は大いに変わってくる。そこに、熟練の人間医師の力量がかかっている。これは、少なくとも現在のところ、コンピュータにはできない。

　さて、乳がんの場合であるが、前にも述べたように、このデータは toy とされているが、あくまでデータ数が少ないということで、実用されている data のようではある。しかし、我々の目的は、医学ではない。あくまでも、AI の説明であることを、思い出していただきたい。その趣旨で話を進めさせてもらう。この乳がんの dataset は、569例の画像を解析し、色々な特徴の組み合わせを試して、徴候群（features）として、次に列挙した30項目を選んだようである。

　1．mean radius'　　　2．mean texture
　3．mean perimeter　　4．mean area
　5．mean smoothness　6．mean compactness
　7．mean concavity　　8．mean concave points
　9．mean symmetry　　10．mean fractal dimension
　11．radius error　　　12．texture error
　13．perimeter error　　14．area error
　15．smoothness error　16．compactness error

17. concavity error
18. concave points error
19. symmetry error
20. fractal dimension error
21. worst radius
22. worst texture
23. worst perimeter
24. worst area
25. worst smoothness
26. worst compactness
27. worst concavity
28. worst concave points
29. worst symmetry
30. worst fractal dimension

　これらが、実際に何を意味し、どうやって測定するか、また、乳がんの判定に実際役立つものかということは、この小著の論じるところではない。もちろんこの徴候群の選定は医学的に最重要な課題であり、実用上はその項目をもっと少なめに絞ること（dimensionality reduction, feature reduction）が必要であることは予想がつく。そのときの原則は、

Univariate feature reduction (remove low correlations with the target).
Feature reduction based on collinearity (for each highly correlated pair, use only the feature that correlates better with the target value).

であるという。常識的には、そうであろう。そしてその選択の仕方には、様々なものがあり得よう。そこにコンピュータ診断を、実用化する手立てがあろう。しかし、この著は、医学の解説ではなく、あくまでも機械学習の解説なのだということは付言する必要がある。つまり、医学の最前線の知識が集結した徴候群があり、その測定結果とがん診断の確実な記録があり、それを dataset とすれば、perceptron は、新しい患者の測定結果から、がんかどうかを判定できる、そのプログラミングを提示

乳がんと Perceptron　　77

すること、そういうことを記述しているのである。

　そこで挙げられている、最初の10項目を、読者の便宜のために荒っぽく訳しておくと、

　　１．半径：中心から縁までの長さの平均値。
　　２．質感：これは、全体のグレイスケール値の標準偏差として定義される。
　　３．周縁長（perimeter）
　　４．面積
　　５．滑らかさ（local variation in radius lengths）
　　６．緻密度（compactness）；perimeter^2 / area - 1.0
　　７．周縁部のくぼみ方（concavity）の酷さ
　　８．周縁の窪んでる点：凹点の数
　　９．形態の対称性
　　10．周縁のフラクタル次元

ということになろうが、例えば、最後のフラクタル次元などと言われると、数学者としては唖然とする。あるフラクタル次元を計算したら、数学では論文になるといった測定の難しいものだからである。

　実際のデータセットでは、０番の欄には、当然患者の識別番号が入る。また、11番目には、これらの特徴をもつ患者にたいしてなされた診断結果M、Bが入る。もっとも、プログラムでは、Mは０、Bは１に替える。

17.99	20.57	20.57	19.69	11.42	20.29	12.45	11.04	12.21
10.38	17.77	17.77	21.25	20.38	14.34	15.7	14.93	18.02
122.8	132.9	132.9	130	77.58	135.1	82.57	70.67	78.31
1001	1326	1326	1203	386.1	1297	477.1	372.7	458.4
0.1184	0.08474	0.08474	0.1096	0.1425	0.1003	0.1278	0.07987	0.09231
0.2776	0.07864	0.07864	0.1599	0.2839	0.1328	0.17	0.07079	0.07175
0.3001	0.0869	0.0869	0.1974	0.2414	0.198	0.1578	0.03546	0.04392
0.1471	0.07017	0.07017	0.1279	0.1052	0.1043	0.08089	0.02074	0.02027
M	M	M	M	M	M	M	B	B

12.21	12.77	12.98	10.25	9.676	12.22	11.06	16.3
18.02	21.41	19.35	16.18	13.14	20.04	17.12	15.7
78.31	82.02	84.52	66.52	64.12	79.47	71.25	104.7
458.4	507.4	514	324.2	272.5	453.1	366.5	819.8
0.09231	0.08749	0.09579	0.1061	0.1255	0.1096	0.1194	0.09427
0.07175	0.06601	0.1125	0.1111	0.2204	0.1152	0.1071	0.06712
0.04392	0.03112	0.07107	0.06726	0.1188	0.08175	0.04063	0.05526
0.02027	0.02864	0.0295	0.03965	0.07038	0.02166	0.04268	0.04563
B	B	B	B	B	B	B	B

　上の表での、症例は569、M が212、B が357である。さて、一応のことながら、判定のコードを載せておく。コードの簡略化と読者の便宜のために、ski-learn の Perceptron が使用されている。

コード7

```
import numpy as np
from sklearn import datasets
from sklearn.model_selection import train_test_split
from sklearn.linear_model import Perceptron
from sklearn.metrics import accuracy_score
```

```
bc = datasets.load_breast_cancer()
X, y = bc.data[:100, :], bc.target[:100]
X_train, X_test, y_train, y_test = train_test_split(X, y, test_
size=0.2, random_state=42)
perceptron = Perceptron(max_iter=100, eta0=0.1, random_
state=42)
perceptron.fit(X_train, y_train)
y_pred = perceptron.predict(X_test)
accuracy = accuracy_score(y_test, y_pred)
print(f'Accuracy: {accuracy}')
print("\n ------")
Z = np.random.randn(30)
p = perceptron.predict([Z])
print(f"Prediction:{p}')
```

　ここで、医者の諸氏には、乱数を使ってできた無意味な Z の
かわりに、当該患者の正確な data を入れていただくことにな
る。

　さて、少し数学的な事柄を述べさせてもらう。最初の２つの
features をとれば、データは二次元の点で表せる。その点に、
target が M ならば、マゼンタに、B ならば青に、というふう
に色をつけてみる。その中間に直線：$f(x,y) = cx + dy + b = 0$
（b ＞0）が引けるとしよう（binary classification）。新たに患者が
きた。その人にデータをとって、x, y に代入すれば、$f(x,y)$ の
値の±によって、良性か悪性かが診断できる。つまり、この
$f(x,y)$ が正負になることによって良性か悪性かの判断がつく。
問題は、与えられたデータから直線 f を見つけることである。
それが、例えば、artificial neural networks（ANN）の仕事にな
る。その単位になるニューロンと呼ばれるプログラムがある。

その中身はニューロンごとに異なっている。それが縦にならんで層（layer）をつくる。幾つかの層が横に並び、入力と出力のやり取りが行われる。その間にデータは訓練（train）されて、結果としてfが見出されるという次第になる。もちろんfは一義的には決まらない。

　さて、本当はこのデータには、featuresとして30個の徴候が挙げられていたのであるから、当然一つ一つの患者に対して、30次元の点が対応することになる。その各点を青とマジェンタで色分けする。そうしても、点が少なくなければ、人間の眼では見ることができないかもしれないが、しかし、青、マジェンタの集合が完全に分離されているのであれば、青、マジェンタの組を分ける超曲面を求めて、ある関数に新しい患者のデータを入れて、その値が正か負かによって、がんかどうか診断できるであろう。一般的な分類の話として、青の圧倒的な領域とマジェンタの圧倒的な領域とのほかに、二色が入り混じった境界領域が現れるであろう。きれいに分かれる場合は稀であろう。がんが、良性と悪性とに明確に二分されることに、疑いを持って、著者は、『生と死をみつめる』という小著を出版したことがある。がんのdataが十分に蓄積されるようになれば、それを表す——30次元、n-次元と言ったほうがいいかもしれぬが——点集合が、完全に二分されているか、面積を持った境界領域が現れるかは、臨床の上でも、病理学的にも重要なことであろう。この境界領域を求めるのが、もっと複雑なNeural Networkの仕事である。

糖尿病について

　ついでだから、糖尿病の診断アルゴリズムについても、触れておこう。これも、sklearnのdatasetsの中にある。そのことは、すでに述べたところである。

乳がんとPerceptron　　*81*

importする手順は、乳がんの場合と同様である。つまり、

```
from sklearn.datasets import load_diabetes
diabetes = load_diabetes()
```

とすればよい。このdiabetesというdatasetには、患者の診断
項目、featuresとして、次の10項目がある。age, sex, bmi body
mass index, bp average blood pressure, s1 tc total serum
cholesterol, s2 ldl low-density lipoproteins, s3 hdl high-density
lipoproteins, s4 tch total cholesterol/HDL, s5 ltg possibly log of
serum triglycerieds level、s6 glu blood sugar levelの10項目で
ある。要するに、年齢、性別、BMI（体重／身長の２乗、単位キ
ロ、メートル）、血圧。それに６個の血清の測定結果である。
targetとして現れるのは、baseline１年後の進行度の測定値で
ある。そこで述べられている予測は、多分、治療をしないで悪
化したときの状態であろうと思われる。

カリフォルニア住宅事情

　スペインとの戦争に打ち勝って、米国は西部の膨大な幾州かを掌中に収める。もう既にその頃から、米国の戦力は、スペインを遥かに超えていた。1846年、モントレイ（Monterey）においてカリフォルニアの、合衆国への併合は宣言されていた。モントレイは、カリフォルニア州、略中央にある観光地である。一度いったことがあるが、賑わいはあったが、静かな、店が並んでいる、こじんまりとした都市であった。太平洋を望む避暑地でもある。私が訪れたのは、ハリー前副大統領が、オークランド（Oakland）の小学校に通っていた頃であるから、今はどう変わったかは、定かではない。カリフォルニア州は、経度115度から124度に亘って、長く南北に伸びている。それに沿って、サンフランシスコ（San Francisco）、サンノゼ（San Jose）、ロサンジェルス（Los Angeles）、サンディアゴ（San Diego）が並ぶ。サンフランシスコ、サンノゼを含む一帯は、Bay Areaと呼ばれ、そこを Bart という地下鉄が通っている。もっとも、相当部分は地上を走っている。San Francisco の北は、目ぼしい都市といえば、州都の Sacramento があるだけであるが、そこを流れる Sacramento 川は、北から下って来るのだが、その流域に金が出て、例の Gold Rush となる。ほとんど大木のない草地を数時間バスに乗ると、Redding という市につく。その周辺にも金が出たという。当時の、村落がそのまま、保存されてあった。絞首台も、Grocery もあった。その地方から、雪を頂いた美しい山が見える。Shasta という。まずこのあたりまでが、カリフォルニアである。人口は、約4000万、それが、424000平方キロメータの土地に住んでいる。

カリフォルニア住宅事情　　*83*

そのカリフォルニアの住宅事情を告げる統計がある。それを紹介しよう。様々なソースから、多種多様なデータセットが提供されているが、sklearn.datasets もその一つである。

sklearn には、更に real world datasets なるものがある。前に紹介した toy datasets に対して、容量の比較的大きいものをいうようである。そのすべてに、fetch_ という前頭詞がつく。カリフォルニア住宅事情つまり California housing の場合は、fetch_california_housing がその dataset の名である。この場合も dataset を import するコードは、ほぼ同様である。

コード 8

```python
from sklearn.datasets import fetch_california_housing
import pandas as pd
data = fetch_california_housing()
print(data.data)
print("\n -----")
print(data.target)
data = pd.DataFrame(data.data)
target = pd.DataFrame(data.target)
print(data,"\n —",target)
X, y_= fetch_california_housing( return_X_y = True)
print(X,"\n —",y)
```

詳しくは、後出の "California_Housing dataset" の章に述べるが、統計は、ある種の block group 単位でとられている。その block group の位置を、緯度、経度で表してある。サンフランシスコならば、37.773972, − 122.431297である。他の feature_names に、'MedInc', 'HouseAge', 'AveRooms', 'AveBedrms', 'Population' がある。MedInc は、その block group の平均所得

であり、HouseAge は、その block group の家屋の平均的築後年数、Populationh は、その人口、AveRooms は、平均部屋数、AvBedrms は、平均した寝室の数、AveOccup は、住む世帯の人数である。そういったことを、注意書きとして、この data を DataFrame に作り直し、様々な操作をして、いくらか情報を得ることにしよう。

　この dataset は、iris のときと違った format をもっている。直接に

```
Import pandas as pd
df = pd.DataFrame(Data)
```

とすることができない。それで、次のようにする。

コード9
```
from sklearn import datasets
from sklearn.datasets import fetch_openml
from sklearn.datasets import fetch_california_housing
import pandas as pd
Data = fetch_california_housing()
df = pd.DataFrame(Data.data,columns = Data.feature_names)
Price = Data.target
df["Price"] = Price
print(df)
```

これで、fetch_california_housing の DataFrame が完成する。

カリフォルニア住宅事情　　*85*

機械学習

　機械学習と呼ばれているものには、データの質による分類：Supervised learning と Unsupervised learning と、目的による分類：Classification と Regression とがある。

　Supervised learning というのは、labelled data をもとに組まれたプログラミングである。『高校教師のためのパイソン』では、データをラベルのついた object と定義した。これは、正確に言えば、supervised dataset のことであり、その object というのは、list ないし numpy array である。勿論、output にもラベル（英語では、レイベルという）がつく。良いプログラミングならば、プログラミングの試行回数が増加すれば、結果が次第に正確になることが期待できる。その誤差を測る。そして、信頼度を高める。このことについては、後章で詳しく述べよう。

　Unsupervised learning は、ラベルのついていないデータのなかの隠れたパタンを発掘するのに使われる。プログラムが、人智の助けを借りずに、解析、集積をするので unsupervised と呼ばれている。よく知られたものに、clustering, association, dimensionality reduction などがある。本稿では、こういったことには触れないであろう。つぎに、classification と regression とであるが、classification というのは、与えられたデータを類別する問題である。e-mail の spam を分類する等である。

　Classifications 用のモデルとしては、linear classifiers, svm (support vector machines), decision tree, random forest classifiers などがある。Regression は、変数の間の従属関係を求めるプログラムである。膨大なデータを処理して、販売、株価の予測のような、数値予測をするのに使われる。linear regression, logistic regression, polynomial regression などが、よく知られている。

　最も簡単な binary classifier が、perceptron である。もっと

も、neural network というのは、この perceptron の層が複雑に連携している、mult-perceptron であるのだから、perceptron というのは、機械学習の基礎である。

データベース（MergingとCleansing）

データとは

　本題にもどって、データの種別をしよう。最初からラベル（label）の貼られた、扱いやすいデータもある。これは、supervised data と呼ばれている。これが、一番扱いやすいデータということになっているが、ラベルは、数値のもつ意味ないし分類である。ラベルのついていない数値は、人間には理解できない。ラベル付けのされていないデータにも、いずれはラベル様態のものをつけなければならない。だから、そういったデータでは、ラベルをいかにしてつけるかということが、大問題となる。ラベルのついていないデータには、unsupervised data と reinforcement data がる。unsupervised data では、まず、それらを、何らかの類似な特徴をとらえて、グループに分けることが問題になる。これは clustering と呼ばれている。この種の ML は、パタン認識などに使われている。風景のなかから、人間や動物を特定するなどということである。

　Reinforcement data というのが、今日最大の関心を集めている。世界各地に散在しているセンサー、ウェブカメラ、携帯電話から集まる情報、空には衛星が監視網を張っていて、これも情報源である。そうやって集まった、データの大部分は、ただ漠然と散らばっている塵芥のようなものであるが、それが、ビッグデータと呼ばれて、未来の石油だと言う人もいる。今日では、ただ雑然と目的もなく、そこにあるといったものも含まれるようだ。それらを、ある意図を持って収集し、分類し、有用な情報に転化させることが、今後の大きな課題のようである。正確に言うと、big data とは、petabyte（千兆）以上のデータを

指して言う言葉である。頭に V をもつ単語、variety, volume, value, veracity, and velocity が big data を示す特徴として挙げられている。それらを処理して、軍事的に利用することも始まっているようである。

　倉庫（warehouse）には、発送を待っている商品にセンサーで感知されるタグがついている。外では、それらの商品を積むトラックが並んでいる。それらのものが集まって、physical database となる。それとは別に logical database があって、相互補完的な役割を果たす。そこに見られるように、すでに物理的なものよりソフトのほうが重要となっている。当然、物理的という言葉のなかには、従業員、人間も入っている。一般に、その logical database は、relational database になっていて、その典型的な言語は、SQL（structured query language）である。logical database には、まず、顧客テーブル（customer info table）というものがあるであろう。そこには、顧客の名前、住所、発送状況、請求金額（billing）、電話番号等々が記載されているであろう。各列には、key（unique ID）がついている。relational database では、それとは別に、顧客オーダテーブルが作成されている。そこには、注文された商品名とともに、数量、質、サイズ、色等顧客テーブルにない詳しい情報が記載されていて、ID を通して、顧客テーブルと繋がっている。その会社の order processing application は、このデータベースに直結している。データベースは、まず、顧客オーダテーブルへ行き詳しい注文品の状況を引き出す。そして、ID を辿って顧客テーブルへ行き、発送、請求の状況を調べ、倉庫の管理者に発送を通達する。倉庫の方は、それに従って、timely に発送し、会社には代金が納入される、という仕組みになる。それらが、ほとんど人をとおさずに、電子的に瞬時になされていく。携帯電話のなかにも、あなたのデータベースのインスタンスが入っ

ている。だから、あなたが、ATM でお金を引き出したときでも、あなたの携帯電話のデータは直ちに更新されて正しい残高が記載される。データベースは、人の介在を排除して、自動的に運営されていくようになってきた。autonomous database である。

データベースは、ますます複雑になり、その統合などの際には、色々な問題が発生するようになった。その度に、人間が応急措置(patch)をする。それでは、ますます、人間の手には負えぬ怪物が出てこよう。人間ではなく、ソフト自身が、人工知能として autonomous に修復する必要がある。database を襤褸継ぎのように作っていては、うまくいくまい。国全体の database を作ろうとするならば、統一した考えをもって、基礎から作り直さなければ、将来に禍根をのこすことになろう。もっとも、AI がなんであるか、全く知らなくても、当選回数が閾値を超えれば、大臣になれるという仕組み自体が、既に禍根である。

Relationships

情報は数値的に表現され、コンピュータに入力され、コンピュータはそれを新しい情報に変換する。その際、情報という言葉は、データ、dataset などという言葉に置き換えることもできる。DBMS（Database management system）というのは、データ間に論理的関係をつけ、ユーザーが簡単にデータ処理をするように考案されたソフトウェアのことである。最初に、1980年代であったと思うが、DBMS として、relational database が現れる。最近では、NoSQL など異種の DBMS も出始めたようであるが、relational database は、今日でも広く用いられている DBMS である。マイナンバーも本当は、一つの DBMS であるべきであろう。そして、それにクラウドサービスが付随する、というのが理想であろうが、IT リソースを on demand で利用

するといっても、中身もなければ、伝達の手段も貧弱であるというのが、日本の現状であろう。それは、日本の科学行政の貧困のもたらしたものと言われても仕方があるまい。ともかく、その基礎は、relational data management system であろう。その要件として、よく挙げられるのは、ACID である。これは、atomicity, consistency, isolation, durability の頭文字をとったものである。ここでその詳細に入ることは避けるが、IT コンテンツを集めるだけでは、駄目なことは当然で、その移行処理（transition）には、様々な application softs が必要となる。それに、将来は self-driving、自動処理にしなければなるまい。

　その出現から20年ほどたった頃であったと思うが、既に老境に入っていたが、著者は database をヴィジュアルベーシック６で学んだ。データ間の relationship という考え自体は単純なのだが、データの扱いは、少なくとも老人にとって、すこぶる難しいものであったことを覚えている。一応の定義をしておく。エクセルのような spreadsheet 方式の dataset を考えよう。それは、一般に複数の table の集まりである。table は、columnsと rows からなっている。columns は通常 data fields と、rowsは data records と呼ばれる。学籍簿（Grade Report）の学生番号のように、data records を一義的にきめている data field を、key ないしは index と呼ぶ。relationship は、一つの table のfield を他の table の field に対応付ける。そのときの fields をforeign keys と呼ぶこともある。

Long and wide

　Data を long と wide に分けることがある。wide dataset は、第一欄に繰り返しがない。これで long と区別する。Seabornの定義は、少し違って、Seaborn では、long-form data とは、column 名がそのまま変数となるものをいう。Rows には、観測

よって得られた数字が並んでいる。一般に、long-form のほう
が、plot functions との相性がよいようである。これに対して、
データ解析をするときは、wide のほうが扱いやすい。次の例
を見よ。

Wide Format

Team	Points	Assists	Rebounds
A	88	12	22
B	91	17	28
C	99	24	30
D	94	28	31

Long Format

Team	Variable	Value
A	Points	88
A	Assists	12
A	Rebounds	22
B	Points	91
B	Assists	17
B	Rebounds	28
C	Points	99
C	Assists	24
C	Rebounds	30
D	Points	94
D	Assists	28
D	Rebounds	31

　これで、ある程度は、wide と long の区別をお分かりいただ
けることと思う。wide な data を、long な data に変換するプ
ログラムを上げておこう。

コード10

```
import pandas as pd
df = pd.DataFrame({'team': ['A', 'B', 'C', 'D'],
          'points': [88, 91, 99, 94],
          'assists': [12, 17, 24, 28],
          'rebounds': [22, 28, 30, 31]})
```

```
print(df)
df = pd.melt(df, id_vars='team', value_vars=['points', 'assists',
'rebounds'])
print(df)
```

初めの DataFrame は、次のように wide な形をしている。

	team	points	assists	rebounds
0	A	88	12	22
1	B	91	17	28
2	C	99	24	30
3	D	94	28	31

これを long に直して、

	team	variable	value
0	A	points	88
1	B	points	91
2	C	points	99
3	D	points	94
4	A	assists	12
5	B	assists	17
6	C	assists	24
7	D	assists	28
8	A	rebounds	22
9	B	rebounds	28
10	C	rebounds	30

としたのである。ここでは、team 名があって、次に各欄の名

前（variables）とそれに対する数字（values）が現れる。

Merging

　今日では、エクセルでも簡単に relational database は作れる。エクセルは、最もよく使われているデータベースのようであるが、その扱いは、公的機関でも、個々人の趣味と能力にゆだねられているようである。エクセルでは、いくつかの Workbook が集まって、Application を作る。その Workbook も Worksheet が集まってできたものである。データが直接入っているのは、Worksheet のなかのセルが集まってできた table である。これが、エクセルのデータ構造であるが、そこにどういう形でデータを入れるかについては、個人差が酷いようである。例えば、名前をどう入れるかだが、first name と last name を一つのセルに入れるもの、別々にするもの、一つのセルに入れる場合でも、あいだに空白を入れるもの、入れないもの、コンマを入れる、様々なようである。電話番号でも、096-123-4567としたり、0961234567であったり、096 123 4567と空白を入れたり、統一がない。そういったものを、merge（融合）しても、あとの cleansing（浄化）が大変である。初めから、統一しておけばこういった問題は回避することができるのである。例えば、県庁ごとにエクセルの講習会を開いて、少なくも県単位では、一定の書式のもとに data set を作らせるといった類のことである。それと同時に、power pivot などの扱いも教えるべきであろう。これは addin であるから、各自手動で挿入することが必要である。大学などの入試に際しても、外注などしないで、エクセル等を用いて、自前で集計し、合格者の判定をすべきだろう。そうすることによって、大学の中にデータベースを扱うノウハウが広がるという利点もあるし、これは、研究上も教育上も、かなりの価値をもたらすものと思われる。

Pandas の DataFrame は、database としてエクセルより一層優れた機能をもっている。pandas は、パイソンの、データ解析の library である。このパイソンも、AI の時代では欠かせない言語なのだが、大学でも高等学校でも、install されているコンピュータは少ないようである。いくつかの、DataFrame を融合しなければならないことが起こる。その役目をする関数が、pandas には幾つかある。やや技術的にはなるが、それを紹介しておこう。その関数というのは、concat()、merge() と join() などであるが、concat() を例にとって、2 つの dataset を融合させることが、いかに大変であるかということを、簡単に説明しておこう。この関数の属性は、pandas の documentation によれば、次のようになっている。

pandas.concat(objs,*,axis=0,join='outer',ignore_index=False,keys=None,levels=None,names=None,verify_integrity=False,sort=False,copy=None)

　まず、データを右につけるか、下につけるか、が問題になる。それは、axis = 0 乃至 = 1 で指示される。次には、外付けして全体をつけるのか、共通のところのみをとるのか、それを join で指示することができる。concat() のときは、default では、join = 'outer'、つまり外付けであり、共通部分をとるときは、join = 'inner' とする。merge() では、共通部分をとる指示は、how = 'inner' である。concat() では、join だったのが、merge() では、how となっているのだから、ややこしいこと限りがない。プログラミング言語の統一ということも、将来の課題のようだ。index の付け方も、dataset によってまちまちである。混乱をさけたかったら、ignore_index = True とする、など、しばらく実地に当たって経験を積まなければ、よく分からぬことも多い。

データベース（Merging と Cleansing）　　*95*

ともかく、database の扱いは、面倒なものである。しかし、それを正確に理解している政治家がいなければ、IT 立国などとは、口幅ったくて言えなくなる。ことは、これで終わるわけではない。融合した dataset を浄化（cleansing）する必要がある。これは大変な仕事で、database の運営に必要な時間の80％が、これにかかるという話である。

　一般にデータベースが変われば、様々なことが変わる。このことが、最近紙上を賑わせているデータベースの merging の際にも起こっているようである。マイナンバーに、国税庁のデータ、健康保険のデータを利用しようとすれば、当然様々の問題が起こるし、すでに起こってもいるようである。merging に対する理解がないことが、その大きな一因のようである。

Cleansing

　だから、data を merge した後、その data の cleansing が大きな作業となる。

　まず、cleansing で問題になるのは、column と row の交点に data が入っていないものがあるときである。つまり、Excel なら空白のセルの存在である。一般に、空白セルの扱いは、結構面倒である。そもそも、database の設計が杜撰であるからおこるのであって、database に空白のセルなどは、はじめから入れない工夫が必要だったのである。それは、死児の齢を数えるようなものだが、細かい多数の Excel の tables を統合する過程では日常的に起こることを覚悟しなければならない。ある Excel の関数は空白を無視するようであるが、空白が多数なら、その database でとった統計量に疑惑が生じよう。空白を適当に、例えば、0とおくとか、他の値の平均にするとか、こういったことを不用意にすると、悲惨な結果が出来する。空白をうめるにしても、理論的に合理性を持ったやり方でなければならない。

次に、pandas の DatFrame の話をする。もちろんエクセル
の table は、CSV ファイルとして簡単に pandas の data に変換
可能である。data には、空白（empty、blank）があってはなら
ない。少なくとも、empty な箇所は、NaN で置き換えておく
必要がある。思い違いや、打ち間違いということもある。それ
を見つけるのは至難であろうが、明らかに数値が大きすぎると
か、少なすぎればもう一度調べ直すべきであろう。人間の直感
が問われる。前にも書いたが、例えば日付が、1941年12月08日
だったり、昭和16年12月8日だったり、あるいは、"1934-12-8"
だったりすることもあろう。このコーテーションマークも打ち
漏らされていて、1934-12-8であったりする。このように
format がまちまちでは、当然エラーが出る。また、data が重
複していることもある。これも、cleansing では、正さなけれ
ばならない。
　空白は NaN で置き換えろと書いたが、空白が NaN になって
いれば、その列は、

　df.dropna(inplace = True)

によって消去してしまうか、あるいは、０か平均値で置き換え
るのが通例である。

　x = df["Calories"].median()

　df["Calories"].fillna(x, inplace = True)

　print(df.to_string())

　import pandas as pd

データベース（Merging と Cleansing）　　*97*

```
df = pd.read_csv('data.csv')
df['Date'] = pd.to_datetime(df['Date'])
print(df.to_string())
import pandas as pd
df = pd.read_csv('data.csv')
df['Date'] = pd.to_datetime(df['Date'])
df.dropna(subset=['Date'], inplace = True)
print(df.to_string()
print(df.duplicated())
df.drop_duplicates(inplace = True)
print(df.to_string())
```

などというやり方で修正する。

論理ゲート詳論

　さて、コード4を書き直してみよう。今度は、コードを perceptron のメーカー品をつかって書いてみよう。メーカーと言ったのは、scikit-learn のことである。これは、Python の機械学習のための library である。そのなかに perceptron も入っているので、その instance をつかって、論理ゲートのコードを書き直そうというのである。

　まず、"パイソン学習"の項で説明した0と1との行列：array([[0,0],[0,1],[1,0],[1,1]]) を X と置くことから始めよう。これが、data となる。target y は、これらがとる真理値0と1との list である。AND の場合は、 y = [0,0,01]である。data 解析では、データは pandas の DataFrame にしておくと便利である。そこで、DataFrame の短い解説をしておこう。

DataFrame

　Data というのは、上の X のような行列ないし表である。y は、その各行に対応して真理値をとる関数と考えることができる。こう考えれば、AND ばかりではなく、一般の論理ゲートを包括的に扱うことが可能になる。まず、DataFrame を作って、表の形で出力してみよう。

コード11（DataFrame）

```
import numpy as np
import pandas as pd
X = np.array([[0,0],[0,1],[1,0],[1,1]])
y = [0,0,0,1]
```

```python
df = pd.DataFrame(X,columns = ["A","B"])
print(df)
print()
print()
df["(A AND B)"]= y
print(df)
```

df＝pd.DataFrame(X,columns ＝["A","B"])として、columns＝["A","B"]
を加えることによって、各列の名（features という）が、A, B
になる。これがないと、A, B ではなく、０と１になる。

```python
df["(A AND B)"]= y
```

によって、target 列が（A AND B）という名で加わる。

　さて、論理ゲートのコードの続きだが、sklearn から既成の
perceptron を import する。

コード12 (logic gate general)

```python
import numpy as np
import pandas as pd
from sklearn.linear_model import Perceptron

X = np.array([[0,0],[0,1],[1,0],[1,1]])
y = [0,0,0,1]
df = pd.DataFrame(X,columns = ["A","B"])
print(df)
df["A AND B"]= y
print(df)
```

100

```
model = Perceptron()
model.fit(X,y)
for a in X:
    a = a.reshape(1,-1)
    a = model.predict(a)
    print(a)
b = np.array([0.5,0.2])
c = b.reshape(1,-1)
d = np.array([0.7,0.8])
e = d.reshape(1,-1)
print("\n.....")
print(model.predict(c))
print("\n.....")
print(model.predict(e))
```

　model という名で perceptron の instance が作られている。
fit ( ) は、perceptron の最も重要な部分で、ここで weights が最
終的に定まる、つまり、超平面が決定されるのである。入力を
前と同様に、［0.5,0.2］、［0.7,0.8］としてみた。勿論同じ結果が
出るはずである。
　こういう入力は論理学では意味をなすまい。しかし、AI は
臆せずに答えを出す。これに反して、全く同じコードを

　y = [1,1,1,1]

として書いてみよう。この関数は、恒真式、例えば　X and Y
→ X などの論理式で表現できる。二分法というのであれば、

　　直線　$x + y + 1 = 0$

はその役を果たすはずである。しかし、この式は走らない。な
ぜかは、分からぬ。

今度は、

y = [1,0,0,1]

としてみよう。

コード13（XOR）

```
import numpy as np
import numpy as np
import pandas as pd
from sklearn.linear_model import Perceptron
X = np.array([[0,0],[0,1],[1,0],[1,1]])
y = [1,0,0,1]
df = pd.DataFrame(X,columns = ["A","B"])
print(df)
df["A AND B"]= y
print(df)
model = Perceptron()
model.fit(X,y)
for a in X:
    a = a.reshape(1,-1)
    a = model.predict(a)
    print(a)
```

出力は 0,0,0,0 となる。これは事実に反する。

次に、

y = [1,0,0,1]

と変えてみよう。scikit-learn の perceptron 君は、前に述べたように嫌がって動いてくれない。

本書のプログラムでは、初期条件として、主に、w = [0,0]、b = 0 をとっているが（これは通常やることである）、実際は、w, b を乱数を使って定義し、backpropagation algorithm を使うプログラムのほうがよい。

　さて、自家製の perceptron を作って、同じプログラムを実行してみよう。プログラム自体の説明の詳細は、乳がん検診の項に回して、ここでは結果だけを記す。

コード14（自家製 perceptron）

```
import numpy as np
import pandas as pd
X = np.array([[0,0],[0,1],[1,0],[1,1]])
y = [0,0,0,1]
# ここを、y = [1,1,1,1] y = [1.0.0.1] と変えてみる。

df = pd.DataFrame(X,columns = ["A","B"])
df["(A AND B)"] = y
print(df)
inputs0 =[df["A"][0],df["B"][0]]
inputs1 =[df["A"][1],df["B"][1]]
inputs2 =[df["A"][2],df["B"][2]]
inputs3 =[df["A"][3],df["B"][3]]
L = [inputs0,inputs1,inputs2,inputs3]
def activation(x):
        return np.where(x<=0,0,1)
y_ = np.array(y)
class Perceptron:
  def __init__(self,lr,n_iters):
    self.lr = lr
    self.n_iters = n_iters
    self.weights = None
```

論理ゲート詳論　　*103*

```python
        self.bias = None
        self.activation = activation
    def fit(self,X,y):
        samples,features = X.shape
        self.weights = np.zeros(features)
        self.bias = 0
        for _ in range(self.n_iters):
            for idx,row in enumerate(X):
                weighted_sum = np.dot(row,self.weights) + self.bias
                y_predict = self.activation(weighted_sum)
                update = self.lr*(y_[idx] - y_predict)
                self.weights += update*row
                self.bias  += update
        return np.array(self.weights)
    def predict(self,Z):
        weighted_sum = np.dot(Z,self.weights) + self.bias
        y_predicted = self.activation(weighted_sum)
        return y_predicted
p = Perceptron(lr = 0.7,n_iters = 100)
print(p.fit(X,y))
for i in range(4):
    Z = L[i]
    print(p.predict(Z))
```

4行目の y = [0,0,0,1]を、y = [1,0,0,1]に変えてみよう。
Output は、[0,0,1,1]となって、正しくない。
今度は、y = [1,1,1,1]とす。正しい output が返ってきた。

結語

　上記二つのコードは、perceptron model が違うだけで、内容は寸分変わりのないものである。しかし、XOR に対しても、恒真式に対しても、異なる output を出す。AI は、その model が違えば、同じ問題に対して違った反応をする。自然界のように安定してはいない。

Perceptron

　この章では、以下に記載されている perceptron code を例に
とって、perceptron algorithm のやや詳細な解説をする。ご承
知のように、成人男性の脳の重さは、平均して1.5kg ぐらいで、
その中に850万ほどの神経細胞（neuron）がひしめいている。
Neural network は、これを真似て、neuron に相当する
perceptron の層（layer）を連ねて、その間を電子情報が伝達さ
れる仕組みになっている。layer は、情報の入力を受け付ける
input layer から始まって、幾つかの hidden layers, そして最後
に output layer が、計算の結果を出力する形になっている。そ
れに backpropagation layer からなる。ともかく、その基本単
位は、神経細胞に相当する perceptron である。したがって、
重要なのは perceptron の内部構造、algorithm ということにな
る。そして、主要な役目を果たすのが、weights であり、bias
であり、activation function（the step function, sigmoid function,
and ReLU function などがある）である。algorithm は、入力され
たデータの training をし、そこから自身で rule を見つける。ク
レディットカードによる決済には、悪質な e-mail がつきもので
あるが、spam を見つけるコード（fraud detection）は、spam
なら０、そうでなければ１と、入力データを二分した出力をす
る。一般に n 個のデータを、０、１に二分するコードは、binary
classification とよばれる。perceptron は、 n 次元空間に分布さ
れたデータを、それを左右に切断する超平面を発見するコード
である。全体は、 ３つの methods を定義する部分からなって
いる。activation function, fit function, prediction function であ
る。そして、performance は、accuracy, precision, recall, F1な

どの関数によって評価される。Neural network は、この perceptron が、層をなして複雑に集まった構造をもつ。その層の数がおおいものを、deep learning と呼ぶ。decision trees, random forests などが、このような neural network である。

この章では、簡単な perceptron のコードを挙げ、それを説明する。最初の関数は、activation であるが、これには、様々なものがあり、どれを採用するかによって performance もかわってくる。よく知られたものには、step function, sigmoid function などがある。我々のコードでは、0 と 1 との値しか取らない、step function が使われている。x が0.001より小ならば0、大ならば1をとる関数 f(x) である。もっとも、この部分を他の関数に変えるのは容易である。sigmoid function は、非線形でその意味で、step function より、高級であると言えるかもしれぬ。これは、指数関数をつかって定義される。

コードの主要部分は、ある class の定義である。class と object については、すでに説明してあるが、これが脳細胞、neuron の役割を果たす。それは、methods として、fit function と predict function をもっている。activation function は、呼び出される形になっている。来診した乳がんの疑いのある腫瘍をもった患者を検査し、得られたデータをもとに、良性か悪性かを判断するのが、predict()である。まずは、コードを記載し、それに説明を加えていこう。

コンピュータ科学者によれば、perceptron の将来は、bright and significant であるそうである。ますます複雑、不透明になっていく AI 技術のニューロンに相当する単位として、becoming more advanced and working efficiently on complex problems（ますます進化し、複雑な問題にも効果的な仕事をする）という。

乳がん検診プログラム

自家製 perceptron を使って、乳がんの診断をしてみよう。

コード15（乳がん）

```python
import numpy as np
def activation(x):
    return np.where(x<=0,0,1)
class Perceptron:
  def __init__(self, lr, n_iters):
    self.lr = lr
    self.n_iters = n_iters
    self.weights = None
    self.bias = None
    self.activation = activation
  def fit(self, X, y):
    samples, features = X.shape
    self.weights = np.zeros(features)
    self.bias = 0
    for _ in np.arange(self.n_iters):
      for idx,row in enumerate(X):
        weighted_sum = np.dot(row,self.weights) + self.bias
        y_predict = self.activation(weighted_sum)
        update = self.lr*( y[idx] - y_predict)
        self.weights += update*row
        self.bias  += update
      return np.array(self.weights)
  def predict(self, Z):
    weighted_sum = np.dot(Z, self.weights) + self.bias
    y_predicted = self.activation(weighted_sum)
```

```
    return y_predicted
from sklearn import datasets
Data = datasets.load_breast_cancer()
X = Data.data
y = Data.target
print("\n .....")
print()
p = Perceptron(lr = 0.7,n_iters = 100)
print(p.fit(X,y))
Z = np.random.rand(30)
print(p.predict(Z))
```

　ここで Z = np.random.rand（30）とおいたのは、いささか恥ず
かしい。ひとつひとつの features の値に、その max と min と
の間の乱数をいれるべきであった。面倒だから、安易なやり方
をしたのである。勿論医療現場では、医師諸氏による診断結果
をいれるべきであることは、言うまでもない。

　さて、ここで、上のコードの仔細を説明しておこう。

where（）
　まず、where についての説明からはじめよう。where は上の
ように、where（condition, x, y）という形をしている。そして、
その取る値は、条件を満たすものは x，満たさぬものは y にな
る。この where function が、activation function の定義に用い
られている。次に、peceptron class の内部を解説しよう。

__init__（）
　この __init__ であるが、これは一種の constructor と呼ば
れるものであり、class を作るときに常套的に用いられ、その

Perceptron　*109*

parameters を定義するさいに用いられる。その重要な method が self である。これは、作られた class の instance を指し、これによって instance の attributes を class 本体の中に導入することが可能になる。上例の場合、perceptron の parametes lr, n_iters も self によって instance の parametes となる。他にも self を使って parameters を定義できることも上例の示す通りである。コード最後から 3 行目において、instance p が定義されているが、それは、lr = 0.7, n_iters = 100を parameters にもっている。勿論、lr = と n_iters =は省いて良い。コンピュータもそのくらいの融通性はもっている。lr、n_iter は説明しておく必要があろう。lr は learning rate をつづめたもので、n_iter は繰り返しの回数である。

activation

　脳のニューロンを流れる電波は、ある閾値をこえると、軸索端末の synapse から化学物質（neurotransmitter）が放出され、他のニューロンに情報が伝達される。その閾値に相当するものを提供するのが、activation function である。コードの中の記号をそのまま踏襲すると、activation というのは、np.dot（row,self.weights）+ self.bias のことである。これは、入力に重さが掛けられて足し合わされたもので、最後に bias が加えられている。それが、ある閾値（threshold）を超えた場合だけ、次の層（layer）に伝送される。これがある閾値を超えなければ、情報はその層から次の層にうつることはできない。activation function は一つではない。本書では、step function のみが使われているが、sigmoid function もよく使われている。その選択も技術者の技能のうちである。

110

fit()

　順序通りに戻って、fit()の中を説明していこう。念頭にあるのは、乳がんのデータ X である。target は y という記号で表されている。そのとき、X.shape は X の samples 数569と features 数30を指示する。self.weights = np.zeros(features) は、 = np.random.rand(features) に、self.bias = は、np.random.rand() に換えても良い。rand()は、rand では駄目である。

for_

　for _ は多少の説明を必要とする。

for _ in np.arange(self.n_iters):

以下の for-loop を self.n_iters だけ繰り返す、iterate するということである。for_ は繰り返しを行うときに便利なやり方である。要するにこの部分で self.n_iter 回数だけ、weight と bias の値が変化していくのである。変化の仕方の中に、lr, learning rate が入っていることに注意せられよ。

enumerate

　また、enumerate という関数は、enumerate(X) という形であったなら、X の値に番号をつける、それを idx(index) とせよ、ということで、

500 [1.504e+01 1.674e+01 9.873e+01 6.894e+02 9.883e-02 1.364e-01 7.721e-02

　6.142e-02 1.668e-01 6.869e-02 3.720e-01 8.423e-01 2.304e+00 3.484e+01

　4.123e-03 1.819e-02 1.996e-02 1.004e-02 1.055e-02 3.237e-03 1.676e+01

2.043e+01 1.097e+02 8.569e+02 1.135e-01 2.176e-01 1.856e-01

1.018e-01

2.177e-01 8.549e-

のような項が idx の数だけ現れる。上では500がその index である。各 index の値に対応する target の値が y[idx] である。activation の値が、この正しい target 値との差に lr を乗じた形で修正されていく。これによって、良性と悪性の腫瘍を分ける超平面を査定していくのである。

predict

そして、最終的な activation の値が、return y_predicted によって返されて、それがそのまま、instance p の関数 p.predict の値となる。

結語

そして、fit() は、data X と target y を引数にする。つまり、fit (X,y) という形で使用されうる。

これが最も簡単な perceptron であるが、勿論実用できるものである。さらに、backpropagation によって、output を評価し直して、新しい入力を作り、過程を繰り返す。それが、AI の基礎を作っている perceptron の仕組み、そのほぼ全体である。perceptron は、たしかに、binary classification に対応するものだが、超平面を複数作ることによって、target 値が２個以上の場合に容易に拡張できよう。しかし、つぎの decisiontree や randomforest は、違う発想である。

backpropagation の詳細に触れる余裕は本書にはないが、それは、weights の設定を、output のエラー度によって修正していくアルゴリズムである。それは、一般書に載せるにはかなり数学的である。

Iris（菖蒲）

　Irisには、種類が3種あり、データに基づいて3種のどれかを判定するプログラムを考える問題である。だから、binary classification の perceptron は使えない。つかう model は、RandomForestClassifier である。それは、sklearn.ensemble に入っている。DecisionTreeClassifier というのもある。これは、sklearn.tree に入っいる。ややこしい限りである。ともかく、コンピュータの世界は、継ぎ接ぎ細工の世界である。神の摂理は働かない。Tree が集まって Forest になるわけだから、RandomFrorestClasiifier のほうが、精度が良いと思うのが常識であろうが、この iris の場合は全く同じであるようである。ところで、この decision tree というのは、perceptron と違って、その algorithm の構造は、次の図のように二分木になっている。

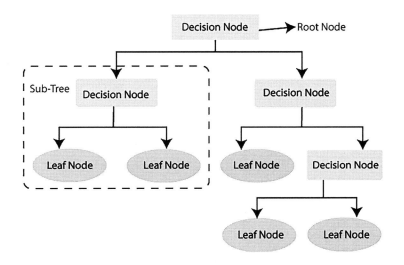

各 decision node には、左右どちらの node にうつるか、その判定基準が書かれており、それによってそれぞれ下位の node にうつっていく。どの判定基準をとるかについては、たとえば、information_gain の大きな物を取るという仕方で決めていく。しかし、decisiontree にしても、randomforest にしても、それらは売り物であり、その内容は秘密のようである。ともかく、IT 企業の最先端の技術であり、遅れを取った国は、IT 亡国に落ちること請け合いである。当然、どの会社の model を使うかで、その import の仕方も違うであろう。多分、大部分は有料と思われる。weights も使われるようだが、それが何を意味するか（perceptron の場合は、超平面の係数）、収束するか、様々な未解決の問題もあるようだ。

　decission tree と randomforest をつかって、花の種類を判定するコードを、以下に載せて、その解説をしよう。

コード16（decisiontree and randomforest）

```
from sklearn import datasets
import pandas as pd
from sklearn.model_selection import cross_val_score
iris = datasets.load_iris()
X, y = datasets.load_iris( return_X_y = True)
from sklearn.model_selection import train_test_split
X_train, X_test, y_train, y_test = train_test_split(X, y, test_size = 0.30)
from sklearn.ensemble import RandomForestClassifier
data = pd.DataFrame({"sepallength": iris.data[:, O],
"sepalwidth": iris.data[:, 1],
```

114

```python
        "petallength": iris.data[:, 2], "petalwidth": iris.data[:, 3],
        "species": iris.target})
clf = RandomForestClassifier(n_estimators = 100)
clf.fit(X_train, y_train)
y_pred = clf.predict(X_test)
from sklearn import metrics
print("ACCURACY OF RandomForesst: ", metrics.accuracy_
score(y_test, y_pred))
z1 = clf.predict([[ 6.0, 2.6, 5.0, 3.0]])
z2 = clf.predict([[4.6, 2.2, 1.4, 0.5]])
z3 = clf.predict([[5.5, 3.7, 1.7, 1.2]])
clf = RandomForestClassifier(n_estimators = 100)
clf.fit(X_train, y_train)
c = cross_val_score(clf, iris.data, iris.target, cv=10)
print(c)
w = feature_imp = pd.Series(clf.feature_importances_, index =
iris.feature_names).sort_values(ascending = False)
def irisname(z):
  if z == 0:
    u = "setosa"
  elif z == 1:
    u = "versicolor"
  else:
    u = "virginica"
  return u
print("RandomForest では :
    ",irisname(z1), " ",irisname(z2) ," ",irisname(z3))
from sklearn.tree import DecisionTreeClassifier
clf2 = DecisionTreeClassifier(random_state=0)
```

Iris（菖蒲）　*115*

```
clf2.fit(X_train,y_train)
c2 = cross_val_score(clf2, iris.data, iris.target, cv=10)
print(c2)
w1 = clf 2 .predict([[ 6.0, 2.6, 5.0, 3.0]])
w2 = clf2.predict([[4.6, 2.2, 1.4, 0.5]])
w3 = clf2.predict([[5.5, 3.7, 1.7, 1.2]])
print("DecisionTree では :
      ",irisname(w1), irisname(w2), irisname(w3))
print("Accuracy of DecissionTree:",metrics.accuracy_score(y_
      test, y_pred))
```

　X 部分の data は、それがどの種であるか、確定しているが、model の判定が、それと一致しているかどうか、の割合のことである。つまり、ある意味では、得られた rule の信憑性である。

California_Housing dataset

　Data 解析には、visualization が重要な役割を果たす。その本質は、二次元のキャンバスに投影して、色彩なども用いて、data の情報の一部を視覚的に示すことである。seaborn については一応の紹介はすませておいたが、それが受け付けるデータの format は、pandas の DataFrame など限られている。描画によらず DataFrame は便利な道具である。その便利さについても若干は述べるつもりである。

　この dataset については、簡単に地ならしはしておいたつもりである。これは、8 つの調査項目（attributes, features）で、20640世帯を調べた大型のデータである。カリフォルニア全体を block に細分して調査が行われている。block は、米国の人口調査の際の最小単位と同じものである。dataset の 8 個の調査項目を解説しよう。最初の「MedInc」、これはその block の平均所得である。次の「HouseAge」は、築年数である。3 番目は、「AveRooms」で、その世帯が使用している部屋の数を世帯人数で割ったものである。4 番目は「AveBedrms」、これはその世帯の使用している寝室の数を、その世帯人数で割ったものである。5 番目は「Population」、その block の人口である。6 番目の「AveOccup」は、block の世帯数の平均である。7 番目と 8 番目に、その block の中心の緯度、経度が、「Latitude」、「Longitude」として記載されている。Target は、平均価格で、10万ドル単位で表示されている。

　DataFrame にたいして、その feature_names（調査項目名）を求めたければ、columns attribute を使う。

　まず、sklean.datasets から fetch_california_housing を導入し

て、その内容を見てみよう。当然、fetch_california_housing を
import する命令が最初にくる。そして、それに、california_
housing という名をつけよう。つまり、

california_housing = datasets.fetch_california_housing()

とするのである。その時、導入したものは、関数であることに
注意する。だから、california_housing の終わりに、()がつく。
dataset の全容を知るためには、それを pandas の DataFrame
にしておく。ちょっと工夫をして、各欄に名前、feature
names をつけとおこう。

df = pd.DataFrame(california_housing.data,
columns=california_housing.feature_names)

とすればよい。ここは、features ではなく、feature_names で
あることに注意する。（また、これは細かいことだが、df.columns
と df.feture_names とは少し表現の仕方に相違がある。)

コード17（california_housing dataset）
```
from sklearn import datasets
import pandas as pd
california_housing = datasets.fetch_california_housing()
print("The features of this datasets are : ",california_housing.
       feature_names)
print("\n ......")
df = pd.DataFrame(california_housing.data,
columns=california_housing.feature_names)
print(type(df))
```

118

```
print("\n ……")
X = california_housing.data
y = california_housing.target
df["Price"] = y
print(df)
```

出力してみると、

	MedInc	HouseAge	AveRooms	AveBedrms	Population	AveOccup	Latitude	Longitude	Price
0	8.3252	41.0	6.984127	1.023810	322.0	2.555556	37.88	−122.23	4.526
1	8.3014	21.0	6.238137	0.971880	2401.0	2.109842	37.86	−122.22	3.585
2	7.2574	52.0	8.288136	1.073446	496.0	2.802260	37.85	−122.24	3.521
3	5.6431	52.0	5.817352	1.073059	558.0	2.547945	37.85	−122.25	3.413
4	3.8462	52.0	6.281853	1.081081	565.0	2.181467	37.85	−122.25	3.422
…	…	…	…	…	…	…	…	…	…
20635	1.5603	25.0	5.045455	1.133333	845.0	2.560606	39.48	−121.09	0.781
20636	2.5568	18.0	6.114035	1.315789	356.0	3.122807	39.49	−121.21	0.771
20637	1.7000	17.0	5.205543	1.120092	1007.0	2.325635	39.43	−121.22	0.923
20638	1.8672	18.0	5.329513	1.171920	741.0	2.123209	39.43	−121.32	0.847
20639	2.3886	16.0	5.254717	1.162264	1387.0	2.616981	39.37	−121.24	0.894

となる。

　この大きなデータを、例えば、bay area と呼ばれているサンフランシスコ周辺に限ってみよう。もっとも、ここでは定義の曖昧な bay area に代えて、ほぼ相当する地域を適当にきめて、そこのデータを抽出している。それを、読者のお好みによって、変えるのは容易である。幾つかの言葉を説明しておく。

Filtering と loc

　上のコードを引用して話をする。df["Price"] = y はすでにでてきた。これは df に新しい "Price" という名の欄を作ることを指示している。既成の欄もこの形で引用できる。例えば、コー

ド11の df["Latitude"] などである。この仕組みをつかってこの
コードでは2種の filtering が行われている。

サンフランシスコのデータは、

	MedInc	HouseAge	AveRooms	AveBedrms	...	AveOccup	Latitude	Longitude	Price
0	8.3252	41.0	6.984127	1.023810	...	2.555556	37.88	−122.23	4.526

ロサンゼルスのデータは、

	MedInc	HouseAge	AveRooms	...	Latitude	Longitude	Price
4551	0.8288	13.0	2.54559	...	34.05	−118.24	1.813

であるから、

df["Latitude"]==37.88) & (df["Longitude"] == -122.23

は、サンフランシスコの緯度、経度を指定している。ロサンジ
ェルスも同様。これも、filtering である。
　もう一つは、不等式で

df["Latitude"] < 39.88) & (df["Latitude"] > 35.85) &
(df["Longitude"] <-120.20) & (df["Longitude"] > -124.25)]

というものであるが、この意味はすぐにおわかりになっていた
だけることと思うが、重要なことは書き方である。

コード18（サンフランシスコとロサンゼルスの住宅価格）

```
import sklearn
import pandas as pd
from sklearn.datasets import fetch_california_housing
california_housing = sklearn.datasets.fetch_california_
housing()
```

```python
df = pd.DataFrame(california_housing.data,
columns=california_housing.feature_names)
X = california_housing.data
y = california_housing.target
df["Price"] = y
data = df[(df["Latitude"] < 39.88) & (df["Latitude"] > 35.85) &
(df["Longitude"] <-120.20 ) & ( df["Longitude"] > -124.25)]
#37.773972, -122.43129
print("the data of San Francisco bay area: ")
print(data)
print("\n ......")
filt = (df["Latitude"]==37.88) & (df["Longitude"] == -122.23)
SFdata = df[filt]
print("\n ......")
print("The data of San Francisco: ")
print(SFdata)
print("\n ......")
filt_ = (df["Latitude"]==34.05) & (df["Longitude"] == -118.24)
LAdata = df[filt_]
print("The data of Los Angeles: ")
print(LAdata)
```

さて、この住宅事情を visualize してみよう。コードはやや
複雑になる。

コード19 (visualization)
....

```python
from sklearn import datasets
import pandas as pd
california_housing = datasets.fetch_california_housing()
```

California_Housing dataset   *121*

```python
print("The features of this datasets is : ",california_housing.feature_names)
print("\n ......")
df = pd.DataFrame(california_housing.data, columns=california_housing.feature_names)
print(df.columns)
print("\n ......")
print(type(df))
print("\n ......")
print(type(california_housing))
print("\n ......")
print(df)
print("\n ......")
X = california_housing.data
y = california_housing.target
print(X,"\n",y)
df["Price"] = y
filt = ((df["Latitude"] < 37) & (df["Latitude"] >36) & (df["Longitude"] <-120.20 ) & ( df["Longitude"] > -124.25))

data = df[filt]
print("\n ......")
print("the data of San Francisco bay area: ")
print(data)
print("the data of San Francisco bay area: ")
print(data)
x = data.isnull().sum()
y = data.notnull()
print(x,y)
```

```
u = df["Price"].max()
v = df["Price"].min()
print("\n ....")
print("the maximum price is : " ,u)
print("the minimum price is : " ,v)
placesearch = (df["Price"] ==u)
#revdata = data[:: -1]
print("\n ....")
maxdata = df[placesearch][["Latitude","Longitude"]]
print(maxdata)
nfilt = ((df["Latitude"] < 36.0) & (df["Latitude"] >32.0) &
(df["Longitude"] <-118.2 ) & ( df["Longitude"] > -122.2))
ndata = df[nfilt]
import seaborn as sns
import matplotlib.pyplot as plt
fig,ax = plt.subplots(1,2)
fig.tight_layout()
sns.scatterplot(ax=ax[0],data=data,x = data["Longitude"],y =
data["Latitude"], hue= data["Price"],marker = "o",size =
data["Price"],palette = "viridis")
ax[0].set_title("San Francisco area")
ax[0].legend()
sns.scatterplot(ax=ax[1],data=ndata,x=ndata["Longitude"],y=
ndata["Latitude"], hue = ndata["Price"],marker = "o",size =
ndata["Price"],palette = "viridis")
ax[1].set_title("Los Angels area")
ax[1].legend()
plt.show()
```

画像は、

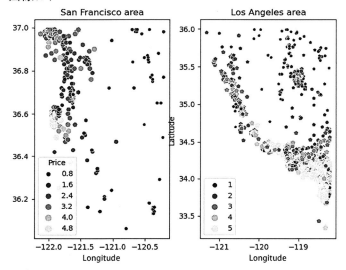

である。

　ここでは、seaborn の散布図をつかった。じつは、これらの library には、問題点もある。同じ、コードでありながら、左下のボックスの中が違っている。その理由はわからない。これらが、インターネット経由で実行されるということも、プログラムを不安定にしているようだ。将来は、プログラムはすべて off line で実行されるようにすべきであろう。

Data Visualization

　正常に動いていた seaborn が、突然動かなくなる。そして、次のような、警告が発せられる。

AttributeError: partially initialized module 'seaborn' has no attribute 'get_dataset_names' (most likely due to a circular import)

　このような経験をしたものは、インターネットで調べると、大勢いるようである。しかし、seaborn の document には、たしかにこの関数は今も載っているし、実際うまくいったこともある。色々な補正案がインターネット上にはあるが、著者の経験ではうまくいくものはない。sklearn にも、似たようなことが起こる。われわれは、インターネットという怪物に日々向き合っているのである。

　そこで、お茶をにごすと言ってはなんだが、簡単でわかりやすい例を上げておこう。日本でも、昔は、宿やの仲居さんにチップを渡す習慣があったが、今は絶えてない。しかし、アメリカでは、観光バスの運転手でさえ、このチップで暮らしている。seaborn にレストランで支払いを調べて、払った金額に対して、チップがいくらであったかという dataset がある。それを使って、seaborn の若干の描画関数を紹介しよう。total_bill と tip は当然、相関関係がある。色を使って、それを男女別に表示しようというのである。

Data Visualization　　*125*

コード20（seaborn）
....

```
import matplotlib.pyplot as plt
import seaborn as sns
import pandas as pd
tips = sns.load_dataset("tips")
df = pd.DataFrame(tips)
print(df.head())
sns.lmplot(data = tips,x = "total_bill",y = "tip",hue = "sex")
print(tips)
plt.show()
```

出力は、

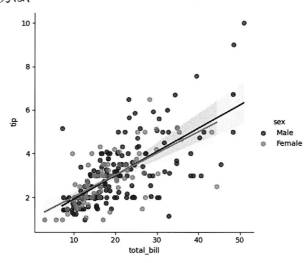

　この図では、再帰直線が現れている。もっと高額な支払いがあったとき、チップはいくらか、予想ができる。relplot はそのまま、boxplot, barplot, catplot 等に置き換えて、別種の図を描くこともできる。

跋

　昭和30年代の頃は、無論、著者も若かったが、コンピュータ
も幼稚で、図体ばかりが大きく、その操作は極めて厄介なもの
で、それでいて、出す結果は誠に惨めなものであった。それを
支えるソフトウェアが、ほとんど皆無であったのである。1990
年代の後半に入って、小型化が図られ、庶民の PC となり、そ
れが相互につながるようになる。1995年に Microsoft 社の
Windows95が発売されたときには、それを買い求めて、長蛇の
列が、世界各所にできた。一方、インターネットの誕生は、公
式には、1983年 1 月 1 日ということになっているのだが、その
日、ARPANET は、コンピュータ間の通信用の規則、TCP ／
IP を正式に採択した。CERN は、1988年までには、その主要な
コンピュータの間を TCP ／ IP でつなぎ、情報のやり取りを始
めた。同時に、CERN のチム・ベルナーズ・リー（Tim Berners-
Lee）によって、WWW（World Wide Web）が創始され、それ
が1991年には公開され、庶民も使用することができるようなる。
利用者は、まだ数万といったところであった。1991年には、ス
マートフォンというものが登場する。2000年には、それにカメ
ラが搭載されるようになる。そして、世界を変えるような事件
が、それに続いて起こる。スマートフォンが、インターネット
につながるようになったのである。それは、2001年のことであ
った。その年の報告では、 4 億300万人が、その時点で、イン
ターネットを利用していたということである。そして、人々が
携帯電話を肌身離さず持ち歩く、一種の風俗が出現する。その
意味で、この21世紀は、まさに internet era と呼ばれる資格が
ある。乗り物の中では、老若を問わず誰も彼も、あいも変わら

跋　　*127*

ず、携帯電話を覗き込んでいる。世界がどう変わっていくか、まだ20年しか経っていないこの時代の未来は、五里霧中である。ベルナーズ・リーは、インターネットの未来に危惧を感じて、仲間とともに、次の９か条の宣言をだす。

Tim Berners-Lee's Nine Laws of Internet

"Ensure everyone can connect to the internet".

"Keep all of the internet available, all of the time".

"Respect and protect people's fundamental online privacy and data rights".

"Make the internet affordable and accessible to everyone".

"Respect and protect people's privacy and personal data to build online trust".

"Develop technologies that support the best in humanity and challenge the worst".

"Be creators and collaborators on the Web".

"Build strong communities that respect civil discourse and human dignity".

"Fight for the Web".

要するに、インターネットが、誰でも、それにいつでも、利用できる、しかも privacy はまもられている、そういう状況を保つために、戦え、そして、恒に改革の努力を怠るな、ということである。Fight for the Web は、当然のことながら、どこか不確実性のある web を守り、繕え、そのために死闘せよ、ということである。これは、技術者の技術を案じての原則である。前に、online の scikit-learn が、うまく働かないという話をしたが、本書のプログラミングもインターネットに頼って動

いている。インターネットは、robust（頑丈）ではない。不可
思議なことが、いつも起こり得る世界である。
　アシモフの『鋼鉄都市』（Caves of Steel）、は、1953年に書か
れた SF だが、その中に、次の有名な三原則が謳われている。
これはもっと深い意味をもっている。

Isaac Asimov's "Three Laws of Robotics"

A robot may not injure a human being or, through inaction,
allow a human being to come to harm.
A robot must obey orders given it by human beings except
where such orders would conflict with the First Law.
A robot must protect its own existence as long as such
protection does not conflict with the First or Second Law.

　ロボットよ、人類に忠順たれ、いかなる時にも歯向かうな、
ということである。しかし、人間と人間が戦えば、ロボットは
お互い戦うばかりではなく、人間とも戦うようになる。それが、
スラブ民族同士の争い、アラブとユダヤの確執に見られるもの
である。かつて、日本国の首相が、公約など守らなくても良い
と、国会で発言をしたが、国民は結局、その発言を黙認した。
それに見習ったかどうかは知らないが、ロボット諸氏もアシモ
フの３原則は守っていないようだ。日本の外でも、日本ほどで
はないが、原則は破られることもあるようだ。日本人は、驚き
もしないだろう。
　最近、ChatGPT が、話題になっている。The Economist 誌
は、2024年冒頭、「AI、語学学校に通う」という論説を載せた。
その趣旨は、ChatGPT は英語圏で教育を受け、そこで育ち、
現在もインドの言葉や、中国語、日本語には疎い、という趣旨

跋　　129

のものである。ChatGPT3の教科書である training data の95%
は、英語で書かれていた。平易な英語で、通常の質問をすれば、
85％は正しく答えてくれる。アマゾンの cloud の中を潜ると、
Common Crawl というのがある。2008年からインターネットを
つうじて、データを集めてきた。これは、自由に使用できる貴
重なものだ。当然、Chatbot も恩恵に浴している。その47％は、
英語で書かれているそうである。AI が語学に達者になってく
れれば、有り難いが、多分、我が国では翻訳機械が必要となろ
う。それは、酷い回り道である。その方面でも、インドは賢明
に努力しているようである。勿論、エリートは英語もプログラ
ミングも達者であるが、字を読めぬ人も多数いる。聞いて、話
すことのできる Chatbot が必要と考え、その開発をすすめてい
るようである。

　序でも、贋造のことに触れたが、AI の作成した fake video
の話が、政治家の間で話題になっている。米国政府も、Google
や OpenAI とともに画像に透かし（watermark）を入れる技術
の開発に乗り出すようである。しかし、何度も繰り返すようだ
が、それは技術に付きまとう、当然の問題にすぎない。その対
策も贋造紙幣と同じである。すべて、routine な話である。

　しかし、深刻な問題は、そういうこととは別のところに、静
かに深くに隠れている。Run Silent, Run Deep である。序文で
述べたことの繰り返しだが、人間の経験が、全く変わろうとし
ているのだ。つまり、人間が、その人格の根底において、コン
ピュータと形式論理に汚染されつつあるということだ。0と1
とによって武装した宇宙は、人間を押しつぶし、人間の尊厳も
腐食させる。人間は、野獣でも天使でもない。人間の思考もそ
れに比例して柔軟であるべきであろう。本文にもあげたが、ど
んな文章も、vraie en partie, fausse en partie（パスカル）であ
る。考える葦の考えは、そういう柔軟性を要求する。しかし、

そういった常識的思考は、硬直した議論が駆逐してしまった。ハラスメント文化（haraphobia）という不思議なものも台頭する。言葉の端を捉えて難詰する、細謹を顧みなければ、たちどころに刀俎に切り刻まれる、こういった現象も、人間精神の硬直化の証左である。そして、イデオロギーの焚き付けた戦火が燃え盛り、その収束を、政治家や民衆の硬直した考え方がすこぶる困難にしている。

とてつもなく膨大な、そして広大な分野にまたがるデータ、それをコンピュータが超高速で処理をする（volume, variety, verocity, いわゆる３Ｖ）。その中に規則性を探し、それをもとにコンピュータ自身が判断をする。こういう機械的思考が人間精神を汚染していく。しかし、まだ、時間的余裕はあると思う。よく考えよ。そして、人間の morality と dignity を、インターネットの世界に吹き入れよう。かつては、神の神秘に包まれた尊厳なる性行為が、冷たい実験室の遺伝子工学に取って代わられる前に。

もう35年も前になろうか、私は、

破局に陥りやすい技術の時代は、生き残りを掛けて、新しい哲学を求めている

と書いた。飽くなき物欲に翻弄され、人間精神が劣化し希薄になっていく現代、それを批判する思想界の泰斗もいなくなった。そして、『マルテの手記』の、"生きんがためにと集まった人々は、実はそこで死んでいくのではないか"、という冒頭の文句が脳裏に浮かんだ。それから星移り、幾度か秋も暮れて、35年がたった。しかし、状況は変わっていない。メタバースの世界は、まさに、マルテの言った、そういう世界だ。

いたずらに老い逝く身をかこちつつ、
来し方を振り返って

　　　嵐の夜も、菊日和もあり、九十年。

　2024年 8 月27日

　　　　　　　　　　　　　　　　　　　著者識す

著者プロフィール

前橋 敏之
（まえばし　としゆき）

理学博士（微分幾何学）

陳省身（S. S. Chern 1911―2004）
20世紀最大の数学者の一人。
現代微分幾何学の父。
（ウィキペディア）

S. S. Chern 自署

人工知能と政治の知能
危うい日本のディジタル・フューチャー

2025年1月1日　初版第1刷発行

著　者　前橋　敏之
発行者　瓜谷　綱延
発行所　株式会社文芸社
　　　　〒160-0022　東京都新宿区新宿1－10－1
　　　　　　　　電話　03-5369-3060（代表）
　　　　　　　　　　　03-5369-2299（販売）

印刷所　株式会社晃陽社

©MAEBASHI Toshiyuki 2025 Printed in Japan
乱丁本・落丁本はお手数ですが小社販売部宛にお送りください。
送料小社負担にてお取り替えいたします。
本書の一部、あるいは全部を無断で複写・複製・転載・放映、データ配信する
ことは、法律で認められた場合を除き、著作権の侵害となります。
ISBN978-4-286-25940-6